日本の民主主義の再評価

竹中治堅［編著］

高安健将
谷口尚子
ケネス・盛・マッケルウェイン
砂原庸介
彦谷貴子
待鳥聡史
安部敏樹
鹿毛利枝子
林香里

楽工社

JAPAN'S DEMOCRACY:
LESSONS AND REFLECTIONS

まえがき

今から振り返ると、今世紀初頭の頃は、世界の研究者の間で民主主義の行方について楽観論が強かった。１９７４年にポルトガルで民主化が始まったことを契機として、民主化「第三の波」が起き、１９７０年代後半から民主主義国の数は増える傾向にあったためである。民主主義を支持・擁護することを目的としているＮＰＯ団体であるフリーダムハウスの分類によれば、民主主義国に相当する「自由国」の数は、１９７５年には41にすぎなかったが、２０００年から２００１年にかけては86にまで増加する。

しかし、現在ではむしろ多くの研究者が民主主義の今後を憂慮するようになっている。２０００年代から２０１０年代前半にかけて民主主義国の数は伸び悩み、その数は２００５年から２００７年の間、そして２０１３年に記録した90が最大となる。それ以降、減少し、２０２３年には83となっている。これは民主主義から権威主義に転じる国も現れていることを意味している。民主主義から権威主義に転じた国の例としては、タイ、フィリピン、ハンガリーなどがある。近年では長らく民主主義だったインドがモディ政権のもと権威主義化したことが注目されている。また伝統的民主主義国でも深刻な問題が起きている。例えば、民主主義の伝統を保ってきた米国でも共和党と民主党の対立が深まり、２０２１年には大統領選の結果に不満を持つ大統領が議会襲撃を扇動するという深刻な事件が起きてしまった。また、西欧諸国の多くではポピュリスト・極右政党が台頭し、民主主義に影を投げかけている。

一方、日本の民主主義はこれまでのところ安定している。選挙の結果を否定するような政治指導者が現れることもなければ、国政選挙で極右政党が躍進することもない。こうした状況の中、２０２１年に日本国際交流センター（ＪＣＩＥ）が日本では民主主義が安定していることを評価するための座談会を3回にわたり企画した。日本政治のさまざまな分野を専門とする第一線の研究者が集まってくださり、また、気鋭の社会起業家にもご参加いただくことができ、日本の民主主義のさまざまな面について深い議論を行うことができた。この度、この貴重な議論の成果を多くの人に目に留《と》めてもらうために、ＪＣＩＥから助成をいただき書籍として出版できることになった。

１９９４年3月に衆議院の選挙制度の変更を中心とする政治改革が実現してから30年が経過した。この間、日本の統治制度のあり方は大きく変わり、首相の指導力が制度的に強化された。一方、改革を推進した政治家、研究者、ジャーナリストなどは選挙制度を改めることで、日本の政党制が二大政党制に移行することを期待していた。しかしながら、これまでのところ、一時期を除けば、二大政党制は成立していない。本書の多くの部分で1990年代以降の日本政治の変化についての評価が行われており、政治改革の影響について貴重な知見を与えてくれている。

本書の主要部分は三つの章からなる。第1章は総論として、日本の民主主義の現状について包括的に検討している。第2章は日本の統治機構のあり方に注目している。第3章は日本における市民社会や多様性の状況、メディアの役割について論じている。終章は、三つの章における議論をまとめ、日本の民主主義の特徴を説明している。最後に日本と比較のための巻末付録として、アジア8カ国における政治認識と関与についての独自オンライン調査を掲載している。

元々の討論会の議論に大幅な加筆修正を行い、さらに内容の密度が濃くなった。本書が、日本の民主主義について理解を深める一つの材料となることを編者として切に願っている。

竹中 治堅

目次

まえがき　竹中治堅　3

第1章　日本の民主主義の現状……11
議論参加者
高安健将、谷口尚子、ケネス・盛・マッケルウェイン、竹中治堅
日本の民主主義の評価すべき点　13
日本の民主主義の課題、問題　40
日本の民主主義をより機能させるために　88

第2章　統治機構……109
議論参加者
砂原庸介、彦谷貴子、待鳥聡史、竹中治堅

日本の統治機構の現状 111
新型コロナウイルス対応に見る地方分権 134
政党制と選挙制度改革 144
日本の民主主義が示す教訓 164

第3章 市民社会、多様性、メディア
185

議論参加者
安部敏樹、鹿毛利枝子、林香里、竹中治堅

日本の市民社会組織の歴史と現在 187
日本社会における多様性と民主主義 211
日本メディアの安定性と独立性 233

終章　議論のまとめ　竹中治堅……257
Ⅰ　はじめに
Ⅱ　日本の民主主義のあり方について
Ⅲ　日本の民主主義の変貌
Ⅳ　日本の民主主義の課題
Ⅴ　最後に——民主主義の質のさらなる向上に向けて

あとがき　竹中治堅　281
付録　アジア8カ国・若年世代の、政治に関する意識調査レポート　285
編著者・著者　略歴　310
表1-1　1990年代以降の統治機構改革の全体像（大枠）　53
表1-2　統治機構改革 各領域の主要事項　53
表1-3　統治機構改革 各領域の主な問題点と、改革の効果　54
表1-4　選挙制度 分類と特徴　59
コラム 日本における市民社会組織（CSO）　193

＊本書の第1章、第2章、第3章は、2021年に開催された3回の座談会における議論を基にしたものである。書籍化にあたり、大幅な加筆修正を施した。
＊3回の座談会と議論は、（公財）日本国際交流センター（JCIE）による研究プロジェクト「民主主義の未来——私たちの役割、日本の役割」の一環として行われたものである。
＊巻末付録「アジア8カ国・若年世代の、政治に関する意識調査レポート」は、2022年5月に実施した意識調査の結果である。この調査は、同月末に（公財）日本国際交流センター主催で開催された国際会議「民主主義の未来：シビルソサエティと次世代リーダーの役割」のために、独自に実施されたものである。
＊本文中の表と割注、各章末の補注は、特記なき場合は、編集部によるもの。
＊邦訳のない書籍には、原題の後に仮の邦訳を付した。

第1章

日本の民主主義の現状

議論参加者

谷口尚子

慶應義塾大学法学部教授。著書に『現代日本の投票行動』(慶應義塾大学出版会)など

高安健将

早稲田大学教育・総合科学学術院教授、成蹊大学名誉教授。著書に『議院内閣制――変貌する英国モデル』(中公新書)など

竹中治堅(司会)

政策研究大学院大学教授。著書に『コロナ危機の政治――安倍政権vs.知事』(中公新書)など

ケネス・盛・マッケルウェイン

東京大学社会科学研究所教授。著書に『日本国憲法の普遍と特異:その軌跡と定量的考察』(千倉書房)など

日本の民主主義の評価すべき点

竹中　日本の民主主義については様々な議論があります。制度的には1947年に日本国憲法が施行されてから民主主義になりましたが、それ以前に、1889年に明治憲法が制定され、翌1890年に帝国議会が開設され、以後、政党政治が発展し、1918年には本格的な政党内閣が成立するという積み重ねがありました。その後、第二次世界大戦前には軍部が介入するという事件がありましたが、戦後に制度が作られて以来、民主主義が機能しているわけです。[*1]

然《さ》は然りながら、色々な問題点があると思います。まずは、日本の民主主義の評価すべき点について、谷口先生からお話をいただけますでしょうか。

谷口　日本では、民主主義に基づく制度が特に第二次世界大戦後に整備され、国民全体が政治に参加できる仕組みが整いました。さらに、国の経済が順調に成長していったことも奏功したと思います。

日本が安定した国際環境や経済成長に恵まれていた時は、増えていくパイを国民に分配できました。また家制度の名残から、家庭内の女性が高齢者や子どもをケアすることが多かった。さらに企業も、従業員の雇用の維持を重視しました。こうした点から、日本社会では福祉にあまりコストがかかりませんでした。

そして、学生運動や市民運動が激しい時代もありましたが、その後の民主主義は「おとなしいもの」になっていきました。人々は次第に「現状維持」を望むようになり、選挙の投票率は下降線を描くようになり、無関心層や政治を忌避する層が増えていきました。国民意識の根底に民主主義のマインド、例えば「多様な意見をどんどん言おう」「自分たちが主権者であり、人任せにできないんだ」といった考えが根付いたかと言えば、そうも言えない。そのため民主制は整備されていても、多様な価値観がぶつかりあってダイナミックな変化が生まれる、といったことはあまり起きませんでした。

これらの点をまとめますと、今日まで日本社会が安定してきた背景には、国際環境の恩恵があって、経済成長と分配がうまくいき、福祉にお金がかからず、民主主義がおとなしかった、ということがあると感じます。

とはいえ最近では、「経済成長・福祉・民主主義の三つを同時に達成するのは難しい」と指摘する研究者もいます。経済成長に投資しようとすると、福祉や分配になかなかリソースを割けなくなってしまう。そこで、「もっと分配を増やせ」と言う国民と、「そんなことをしたら経済の効率が悪くなる」と言う国民との間で対立が起こります。経済成長、福祉とサービス、そして健全な民主主義を同時に達成することは難しくなっているのが現状です。

竹中　その辺りは、後ほど議論する民主主義の問題点とも関わってくるところですね。それではマッケルウェイン先生、お願いできますか。

マッケルウェイン　余談になりますが、谷口先生のお話を聞いていて、以前ドイツで行われた研究会で出た話を思い出しました。昨今、西洋諸国の政府が、「ＧＤＰで国民の幸せや社会の発展を測るのではなく、Gross National Happiness ――総体的な幸せ――を国民がどのくらい享受しているかということに関心を向けるべきだ」と言っているのは、政府が経済成長を約束できなくなって国民の視点をずらす必要があるから言っているのだ、と多少皮肉めかした話が出ました。何をもって民主主義の成功を測るかという難しさの例だと思います。

日本以外の国について研究し、アメリカやヨーロッパに住んでいた経験から言うと、日本には構造的・社会的対立（structural social conflicts）を軸にした政治的競争がないと感じています。ただ、それは日本の政党政治や民主主義がそれらをあえて避けたからなのか、そもそも日本にはそういった構造的な違いや争点化しやすい軸がなかったからなのかどうかは、因果関係を示すのが難しい点で、もう少し議論をする余地があると思います。

また、政治学でイデオロギー的な左・右の話をする時によくあるのは、社会階級についての議論、経済的格差についての議論を行い、それに関連して大きな政府・小さな政府についての議論をするという形ですが、日本の場合は、社会階級による格差よりも地域格差のほうが軸になってきたと思います。実際に、長期政権を築いてきた自由民主党は、中央から地方への分配によって地域格差をある程度抑えてきた実績があります。

そしてこれは一長一短あると思いますが、1票の格差の問題[*2]があります。他の国に比べると比較的、政府の判断や政策に対して、地方の声が人口比率よりも大きな影響力を持ってきたと思います。ただ、経済格差や地域格差は実際にこの20年でより大きくなっています。それに対して国民はどこまでが一時的な問題で、どこまでが構造的な問題だと思っているのか、そして今の民主主義で解決できると思っているのか、できないと思っているのか。そのような点が今後の課題だと思います。

竹中　ありがとうございました。確かに、シビアな構造的・社会的対立がそれほど強くなかったことは、民主主義というルールのもとで政治を営んでいくことへの障害を少なくしたので、日本は恵まれていたかもしれません。

マッケルウェイン　面積で考えると日本は必ずしも大きな国ではありませんが、人口でいうとかなり大きな国です。人口の面でこれほど大きな国がどうやって構造的・社会的対立をうまく解決してきたのかは、世界的に見ても、結構めずらしく興味深いケースだと思います。

竹中　都市、中央から地方への再分配がうまくいったということはありますね。１票の格差の問題とつながっているかもしれませんが、高度成長時代にうまくパイを分け、再分配ができたというのは重要な点だと思います。では、高安先生にお話をうかがいたいと思います。

高安　日本の民主主義の評価すべき点について、4点考えてみました。1点目は、谷口先生がおっしゃっていたことですけれども、リベラル・デモクラシー（自由民主主義）の制度的基盤が充実していることです。日本国憲法を柱とする秩序、そして多くの有権者が投票できるべく配慮された選挙制度と投票制度、代表機関としての国会制度、人権擁護のための司法制度、市区町村を中心とする地方自治体による公共サービスの提供が整備されて、しっかりと根付いているという点です。このようなリベラル・デモクラシーの秩序が人々に受け入れられていることは非常に大きなことだと思います。この定着にアメリカが果たした役割は、節目節目においては大きくあったと思います。

2点目として、第二次世界大戦後の日本のリベラル・デモクラシーが、警察と軍に対する民主的な統制を実現したということがあります。他の国を見てみると、政治的な統制はできていても民主的統制ができていない、もしくはいずれもできていない国があります。

しかし、日本は両方できています。このことは――これは竹中先生の専門領域かもしれませんが――明治憲法体制が軍部によって実質的に秩序崩壊したことと非常な対照をなしています。日本が実力組織によってデモクラシーを解体させていくという懸念は現状ではないわけです。

3点目は、これも第二次世界大戦前との比較になりますが、戦前は言論や政治に対するテロや暗殺が重要な場面で起きて、国の方向性をゆがめることになりました。戦後も、戦争責任の問題などがあって、言論や政治に対するテロは起こっていますし、直近では安倍晋三元首相の死殺事件も起きていますから、軽視しないほうがいいと思っています。然《さ》りながら、リベラル・デモクラシーの大きな方向性をゆがめるようなかたちでは、テロや暗殺が影響力を発揮することはなかったということです。

4点目として、1945年を境《さかい》としてその前後の75年間を比較した場合、1870年から1945年までの75年間、日本は戦争や侵略に明け暮れており、国内では抑圧が行われました。政治秩序自体が動揺し最終的には解体していった。これに対して、1945年から2020年までの75年間は、日本が主導あるいは主体的に関与した戦争はありませんでした。周辺国・地域と日本の関係も緊張することはあっても安定しています。戦後、日本に対する敵意や懸念というのは、北東アジアだけでなく、東南アジア、オセアニアでもずっと根強く、そうした地域に行った時に日本人が直面した敵意については色々な書き物にも描かれてきました。しかし、今日緊張を高めている国々もありますが、そういった地域と日本との関係は基本的には良好です。これは偶然良好になったのではなくて、戦後の平和主義とともに、日本の国内秩序が安定していて自由だったことが大変に大きな要因として働いたのだろうと思います。これも、日本の民主主義の評価すべき点だと思います。

ひとつの象徴ですが、日本のパスポートを持って安心して行ける地域というのは、非常に広いわけです。これはこの75年ほどの大きな成果だと思います。

竹中　ありがとうございます。確認させていただきますが、アメリカの役割はどこで効いていると思われますか。「節目節目」とおっしゃいましたが、どのようなところで効いているのでしょうか？

高安　まず戦後の秩序が成立する段階です。アメリカの存在なくして、これほどデモクラティックでリベラルな制度は導入されなかった可能性があると思います。日本政府が用意していた案と比較すれば一目瞭然です。他方、安全保障でいうと、国内的な合意がないけれどアメリカの要求があって、日本国内の合意形成が後回しにされるという場面は、沖縄返還のような場面でも見られましたし、近年も見られます。これは日本のデモクラシーのあり方に必ずしもポジティブな影響を与えていません。国内の経済問題でも、市場の構造、景気対策、規制緩和、所得税減税などについて強い圧力がかけられ、日本経済のあり方が影響を受けてきたということがあります――それは常にプラスの意味合いをもってきたわけではありません。冷戦が終結した1990年代以降、アメリカの要求は特に強くなったのだろうと思います。そういう意味で、ポジネガ両方の面で、アメリカの影響は大きくあったということです。

谷口　アメリカ関係の話で、少し付け加えてもよろしいでしょうか。マッケルウェイン先生もおっしゃったように、日本では社会的な対立構図というか、人種の多様性や、階級間闘争、地域闘争のような社会的亀裂（social cleavage）に基づいた政党制が編成されていない面があります。

もともと戦後の日本は、とり得る選択肢が制約されています。つまり、国防にしても経済にしても、アメリカの影響のもとでの生存戦略を考える必要があった。アメリカの世界戦略の中の、安全保障の中の、東アジアの中のポジション、というものを考慮しないといけない。アメリカと色々な軋轢《あつれき》があったとしても、調整努力をせざるを得ないことに国民も気付いていて、そういったことができる政党でないと国政を任せられない、という判断があったと思います。このように、もともと国がとり得る選択肢が制約されていますから、自民党のような政策でないと多くの支持を得られないわけです。また、ヨーロッパの政党のように階級間闘争や経済争点について揉《も》めるのではなく、日本の与野党は体制選択や憲法のあり方で対立してきました。そのために政権交代がなかなか起きなかったということもあると思います。

というわけで、アメリカが良きにつけ悪しきにつけ、日本政治の制約要件、前提条件としてあったということはあると思います。

マッケルウェイン　今のお話について質問してもいいですか。私の解釈が正しいのかわからないのですが、例えばアメリカとの関係をどこまで強くすべきかという議論はあっても、アメリカを切ってもっと中国寄りになろうとか、ソ連・ロシア寄りになろうという議論が基本的にはなかったということですよね。例えば形式的にはソ連・ロシア寄り、アメリカ寄りの二つの選択肢があったとしても、実質的な議論はアメリカ寄りの半分側で行われている。もう半分のソ連・ロシア寄りの側に本当にいこうという意見は、存在しないわけではないものの、政治的なメイン・ストリームには存在しない。つまり、限られた範囲内の選択肢しかないということでしょうか。

谷口　アメリカを重視するか、ソ連・ロシア・中国などを重視するか、という選択肢は、客観的にはあったと思いますが、世論が後者を現実的な路線とは見なさなかったと言えるかもしれません。戦後日本の政党の公約を分析すると、自民党の政策位置はそれほど変わっていません。他方で国際的に見ると、野党の政策位置が左過ぎるという特徴がありました。

１９９０年代後半に出てきた新進党や民主党が選挙で票を集めたのは、それらが初めて多くの有権者によって、現実的な政権の選択肢として見なされたからでしょう。日本の有権者が認識する自身の左右イデオロギーの平均的位置は、中央から少し右にあります。自民党の政策的位置取りはずっとその「中央から少し右」にあるので、長く選択されてきたと考えられます。

竹中 アメリカの話でいきなり盛り上がるというのは面白いですね。民主主義の理論からすると、まず民主主義への移行があり、次に民主主義をいかに定着させていくかという段階があり、さらにその後、デモクラティック・ディープニングといって、自由民主主義の自由主義、民主性を深めていく段階があるということが指摘されています。このうちの移行の部分についてですが、日本が民主主義に移行したのは、敗戦して日本国憲法をすぐに受け入れたことが最大の要因なのでしょうか。高安先生、やはり敗戦、占領というのが大きかったのでしょうか？

高安 出発点としてはすごく大きいのではないでしょうか。ただ、日本国憲法が押し付けられたものなのかどうかといえば、必ずしもそうではありません。戦前の支配層、エリートからすればそういう認識もあると思いますが、国民レベルから考えると、押し付けられたのであれば、拒絶反応が出たはずですよね。そこには、エリートと一般の人たちとの間に齟齬《そご》があって、新しい憲法というものがすっと受容されていくわけです。その後も基本的には有権者に支えられた国内の政党間対立の秩序が現行体制の維持につながったこと、そして保守の側でも日本国憲法を積極的に評価しあるいはこれを受け入れる人々が主流となったこともあって、それを大きく変えていこうというようにはなりませんでした。アメリカが最初に自由主義、民主主義、国際協調主義を柱とした日本国憲法の原形を提案し、その後、日本の政治社会に受容されたということかもしれませんが、日本のリベラル・デモクラシーにとって、日本国憲法が提案され、定着したことの意味は大きかったと思います。

竹中　高安先生のご意見について、谷口先生とマッケルウェイン先生はどのようにお感じになりますか？

マッケルウェイン　日本国憲法の特徴的な部分の一つは、統治機構[*3]に関して、大枠《わく》の縛《しば》りはあるものの、具体的な内容は法律で規定される部分が大きいことです。地方分権の具体的な部分も、選挙制度の中身も、内閣・議会をどのように運営するかということも、実質的には他の公法、例えば公職選挙法や内閣法などに回しています。

戦後の速い社会的変化、経済的変化にうまく適応するには、やはりある程度の柔軟性があったほうが良かったのだと思います。例えば、地域間競争の促進や格差の是正のために、地方自治体の組織や財政権限を変更することが望ましい場合があります。日本では、これらの制度は憲法で詳細に規定されているわけではなく、法律で制定・変更することが可能です。実際、日本の地方自治制度は、小泉政権時の三位一体改革をはじめ、さまざまな改革が行われました。このような制度の柔軟性は、日本にとって有利に働いたかもしれません。ただ、日本国憲法を他国に持っていった時に、うまくいくかどうかはわかりません。

竹中　今のはすごく面白い議論だと思います。議院内閣制という大枠、そして二院制と3年改選ということは細かく憲法に記載されていますが、それ以外は、内閣法などいわゆる憲法附属法といわれる法律で規定されています。国会のあり方は国会法、選挙の仕組みは公職選挙法で定められています。その辺りは日本人の主体性に任せられたということなのでしょうか？

マッケルウェイン　具体的なルールをあらかじめ規定しないことで生じるリスクの一つとして、利益が相反する社会階層のグループが各々の政党を持って、そのいずれかが政権についた時にルールをガラッと変えることがあるかもしれないということが考えられます。その不安定性は大きなリスクなので、その点では、ルールをあらかじめ規定しないやり方は良くないと思います。日本は階層的な対立軸がそれほどないからこそ、55年体制下[*4]でも、政権与党がルールを何度もいじって自らの政権を存続させるということが、あまり見られませんでした。

竹中　おっしゃる通りだと思います。1990年代まで統治機構関係の法律はあまり改正されていません。谷口先生、日本は憲法を受け入れたわけですが、その制度と内容についてはどうお考えですか？　憲法で何をどこまで決めるかという話も含めておうかがいしたいです。

谷口　日本の有権者の政治意識や行動を研究していると、一般国民に対する戦争への動員があれほど行われた後で、何がガラッと民主主義的な憲法への受容に向かわせたのだろうかという点に関心を持ちます。そもそも、明治維新以降から第二次世界大戦後に至るまでの間で、一般の人々の政治に関わる意識はどこまで主体的なものとして育っていたのだろうかと思います。自分たちが国のあり方に対して何かを思う、行動する、という意識が普通のこととしてあったのか、と。もちろんエリート層のレベルでは国の方向性をめぐって色々な競争や対立があったと思いますし、民主主義的憲法とそれに基づく体制についても、戦後に日本のエリート層がそれらを受容するという判断をしたということだと思います。しかし一般国民にとっては、大日本帝国がアメリカに負けたことにより、「そうか、これが従うべき次の権威か」ということになった可能性もあると思います。

　現在も、日本人の主権者意識について疑問に思うことがあります。かつてガブリエル・アーモンドやシドニー・ヴァーバ[*5]のような欧米の研究者は、国際比較調査に基づき、「日本人は臣民的で権威に従いやすい」と捉《とら》えていました。しかし今、世論調査をしていると、日本人は政治に対して「消費者」のような姿勢、つまり「税金を納めているのだからサービスを提供せよ」というような感覚があるように感じます。「消費者民主主義」と言いましょうか、政治を批判し要求することが、民主主義だと思っているのではないか。極端なものでは、「政治家や公務員は、給料を削って限界まで国民に奉仕しろ！」といった感覚も見られます。

　同時に世論調査に見られる傾向として、自分自身が社会のために、あるいは政治を改善するために何か行動を起こそう、という意欲が少ないことがあります。投票参加にも大して関心がないし、他国から攻撃されたら国のために戦うかといったら戦わない。自分が国を支えるんだ、だからこそ主権者なんだ、という主体性が育っていないのです。確かに国民は戦後の体制を受容してきました。でも、本当の意味で国民の間に民主主義的意識が根付いたかと言えば、そうとは言えないと感じています。

竹中　よくわかりました。自分が国を変えられると思っているか、自分が主体性のあるアクターだという意識を持っているか、ということですね。先ほど谷口先生が、戦後の日本は「経済成長・福祉・民主主義」のトリレンマ[*6]をうまく解消できたというお話をされました。経済成長と福祉はわかりますが、私は三つ目がよくわからないのです。「民主主義」を「経済成長・福祉」と同時に成立させることは難しいというのが、最近の研究結果なのですか？

谷口　中国は民主主義国家ではないですよね。今、権威主義国家が伸びてきているのは、民主主義を抑えて国家としての最適化を図っているからです。そこで民主主義体制の効率性の悪さが目立ってきたわけです。

竹中　要はシンガポール・モデルですね。*7 日本が経済成長と福祉と民主主義の三つを達成できたのは、高度成長時代で人口ボーナスもあったからなのでしょうか。

谷口　加えて、前提として日本がアメリカの国際戦略の中で生きてきたからです。外交や国防のコストを抑えることができましたし、経済もアメリカの利益に適《かな》う程度には競争力をつけることができました。おっしゃる通り、戦後の経済成長と人口増加ということもありますが、環境や時代に恵まれたこともあると思います。日本がトリレンマ解決のために民主主義を意図的に抑止したかどうかはわかりませんが、現状では本当の意味での民主主義が根付いていない気がしています。

竹中　経済成長・福祉・民主主義の三つがうまくいったことに、福祉をかなり一生懸命やったことが寄与しているのではないかと思います。これについてはどうでしょうか？

高安　日本の社会保障というのは、充実度の度合いとしてはむしろ低いほうの類ではないでしょうか。日本の場合は、社会保障、福祉国家ではなくて、お金の使い方は長く土建国家でした[*8]。人が所得不足になった時は社会保障給付ではなく、公共事業による仕事の提供をもって補うという就労経由で生活保障をしていくやり方をとって、社会保障を極めて軽いタッチで行ってきました。

竹中　日本の社会保障が軽いというのは、どの部分についてでしょうか。医療はWHOやOECDの評価で1位と評価されたこともあります。

高安　医療はうまくいっているほうだと思います。民間と公的な医療機関や医療保険制度といったパブリックとプライベートの住み分けは、医療費の自己負担の上昇や無保険の人々の増大といった課題はありますが、うまくいっているほうではないでしょうか。ですが、日本には医療費と年金しかないわけです。その医療もぎりぎりでやっていて、新型コロナウイルス感染症の大規模なパンデミックに直面してその脆弱性《ぜいじゃくせい》が顕《あらわ》になりました。また年金も、就労形態による差が大きい。住宅政策でも公的な支援は弱く、持ち家や貯蓄があることが前提であったりしますし、将来的に高齢者の貧困問題は懸念されます。また、保育は社会問題になりましたし、教育に対する公的支出が国内総生産（ＧＤＰ）に占める割合の低さはＯＥＣＤ諸国のなかで最低水準です。就労支援や職業教育・訓練など、失業・求職についても公的サポートは貧弱です。

要するに、今回のパンデミックを見てもわかるように、個人をピンポイントでサポートするシステムが成り立っていません。社会保障がないわけではないですし、全部ダメだと言っているわけではないですが、非常に課題が多いですし、このような社会保障であるが故に問題が悪化している気がします。経済成長・福祉（社会保障）・民主主義のトリレンマというのは非常に大きい話ですから、社会保障がどのくらい充実することを想定してのトリレンマなのかという程度の問題はありますが、評価として今の一点を加えておきたいと思います。

竹中　年金と医療は一生懸命やってきたけれど、社会保障は実はそれほど強くないということですね。

マッケルウェイン　今必要としているグループに必ずしもサポートが回っていないというのはあると思います。それから、専業主婦に依存する福祉制度という問題もありましたよね。特に高齢者のサポートや子どもの保育の部分では大きかったと思います。

トリレンマの話に戻すわけではないですが、経済成長・福祉（社会保障）・民主主義のモデルで言うと、例えば、北欧やヨーロッパ大陸のような調整型市場経済モデルもあれば、北米・イギリスのような自由市場経済モデルもあります。これらの民主主義・経済モデルと比較した時、日本はどこに位置し、どのような特色があるのかというのは、以前から議論されてきたと思います。

それに関連して言えば、英語で書かれている日本政治の本で、様々なディベートのコアに出てくるのがチャルマーズ・ジョンソンの『通産省と日本の奇跡』（ＴＢＳブリタニカ／勁草書房）（原著は『*MITI and the Japanese Miracle*』(Stanford University Press)）で、この本の中でも展開されているような日本モデルの民主主義はあるのかという議論が、特に１９９０年代に入るまではかなり盛んだったように思います。私がアメリカで勉強していた時期に読んでいたテキストでは、各筆者が新しいモデルを一つつくっていた印象があります。エリス・クラウス氏と村松岐夫《みちお》氏であればPatterned Pluralism（パターン化された多元主義）[1]、ケント・カルダー氏であれば

Crisis and Compensation（危機と補助金）[2]、ダニエル・オキモト氏であればNetwork State（ネットワーク的国家）[3]といったかたちです。日本が成功している時期でしたから、日本の民主主義は他国と違うものなのか、日本から何を学べるのかという観点から日本の政治が分析されていました。しかし、1990年代になるとピタッとその話題は止まりました。バブル崩壊後、「日本は民主主義のかたちが何か違う」という議論はなくなりました。ちょっとした寂しさがありますね。日本政治を分析した英語の本も、昔に比べるとかなり減ったと思います。学術論文などではまだありますけれども。

竹中　先ほどの高安先生のお話は、福祉といっても結局は年金と医療だけで、個人の能力支援や失業保障、公教育にかけるお金などは低水準なので、総合的に見て、福祉は高く評価できないということでした。マッケルウェイン先生は、再分配は割とうまくいったとおっしゃっていましたが、それは都市から地方への再分配がうまくいったということでしょうか？

マッケルウェイン　そうです。ただそれが、長期的成長にとって良い影響を及ぼすか悪い影響を及ぼすかについては、問題として残るかと思います。

今はアメリカもそうですし、西欧、東欧、ラテンアメリカもそうですが、ポピュリスト政治ですよね。腐敗したエリートに対する真の国民、国を愛する本当の国民を自称する勢力——ナショナリズムやネイティビズム（排外主義）につながるところだと思いますが——そういった勢力が、日本では国政レベルでも地方レベルでも伸びていません。

大阪維新の会や都民ファーストの会のことを「ポピュリスト的なところがある」と言う人もいますが、他国のポピュリストは、中央エリートに対する反乱だとされています。対して日本でポピュリスト的と言われる政党は、一番裕福な地域の人たちによって作られているので、そもそも対立軸が違います。こうした他国と日本との違いは、日本の地域格差が少ないことによる面もあると思いますし、日本は海外から来ている人がまだ多くないので、ヨーロッパなどに見られる移民に対するナショナリズムが強くないこともあると思います。地域格差を比較的大きくならないようにしてきたことが、安定につながったとは思います。

竹中　確かにそうかもしれません。先ほど高安先生が土建国家とおっしゃいましたが、公共事業を通じて地方へ相当な再分配をしてきたのは明らかです。それは1993年の衆議院議員総選挙まで採用されていた中選挙区制で地方部が過剰代表されていて、しかも自民党が地方で非常に強かったこととも関係しています。もっとも、こうした再分配が、中央と地方の格差是正を意図してなされたものなのかどうかはわかりません。今でも中央に対する反発感情を示す人はいますが、再分配の結果として、地方と中央の分裂がそれほど大きくならなかったのだと思います。

マッケルウェイン　土建国家に関しては効率的でない再分配も多かったとは思いますが、他国と比べて日本にいて圧倒的に感じることは、地方に行っても道路の質が良いということです。アメリカの場合、州が主体として道路整備を行っていることもありますが、道路の質はあまり良くありません。日本では電車が時間通りに走っているというのもすごい話です。数年前の経験ですが、イギリスでAmazonの配達を頼もうとすると、時間枠のセレクトは「朝8時から夜8時の間」の一択しかできませんでした。日本ではより小刻みに選ぶことができますよね。民間のサプライチェーンの良さにも関係していますが、基本的な交通インフラが備わっていることの表れだと思います。

谷口　今のお話に関連して言えば、戦後日本の福祉は、1960年代から国民皆保険が始まるなど国家的取り組みは早くからありました。しかし自民党と行政が、高齢者向けの福祉を優先的に確立してきたという歴史があって、高安先生のおっしゃる通り、「低負担中福祉」とずっと言われてきました。

イエスタ・エスピン－アンデルセン氏[*9]による福祉の研究によると、日本は保守型と自由型の中間ポジションにあるとされます。職業を通じてであったり、一つの家庭をユニット（単位）として考えて、福祉を成り立たせる特徴がありました。先ほどマッケルウェイン先生がおっしゃったように、女性が育児や高齢者介護を担い、男性の正規職の雇用が維持されればそれで家庭が回る、と。そこで高齢者福祉を先行して確立し、それが続いてきたと考えられます。

竹中　今の話は、日本型コーポラティズム[*10]という議論がなぜ受け入れられたのかという話にも通じますね。

谷口　そうですね。それが行き詰まって、旧民主党政権で個人に基づく分配や福祉、つまり普遍主義[*11]に切り替えようとした。今はある程度その考えに基づいて制度を再構築している途中だと思います。

高安　谷口先生とマッケルウェイン先生のお話に関連してよろしいですか。日本は地方への再分配、空間的再分配を田中角栄政権以来行ってきて、それが１９９０年代に行き詰まりました。空間的再分配の行き詰まりは、政党間闘争のパターンが変化していくこととリンクしていて、90年代になると当事者である政党が変わってきました。当初民主党は都市部を代表する政党とみられていました。社会党と自民党はある種の農村政党になっていて、政治の舞台に表出される利益に強い偏りがあるとみられていました。そうした状況で、特に省みられていないのが都市部利益——無党派という言い方をすることもありますが——とされました。そこに対立軸が生まれました。ですが、実際に政党間闘争をしていく時には、当然地方利益も取り込んでいく必要があるので、都市部代表としての民主党はそのカラーを薄めていくことになります。そこに、大阪維新の会や希望の党が入る余地があったということです。これはイタリアのかつての北部同盟を想起させられるところがあると思います。北部同盟は、経済的に豊かな北部をイタリアから独立させるべきという立場をとったわけですが、民主党が全国展開していくためには北部同盟ではいられない。だけれども、豊かな都市部の利益を引き続きどう取りこぼさずに代表していくのかというのがすごく難しいところだったのだと思います。

竹中　すでに話の流れが、日本の民主主義の「評価すべき点」から「課題」へと移行してきているので、評価すべき点は課題にもつながっているのだと感じています。ここまでの話をまとめると、日本は民主主義を制度としてはうまくとり入れて、そして一応定着させたと評価できるということだと思います。憲法に関しては、憲法附属法は日本人の主体性に任されていた面があるとのご指摘がありましたが、しかし実は多くの国民が政治にそれほど関心がなかったから、かえってすんなり受け入れられてしまった側面もあるのかもしれないというお話もありました。

戦前から「競争する政治」に慣れている人が多く、その戦前の伝統があったからこそ、日本はうまく民主主義に移行し、定着させることができたのではないかと思います。そして、戦後の日本は経済的な果実をうまく使うことはできたけれども、福祉は低負担中福祉だからまだ足りないところもあり、万々歳という感じではない。それから、地方への再分配はかなりうまくいったのではないかというご指摘がありました。

日本の民主主義の課題、問題

竹中　それでは次に、ここまでの間でも議論されましたが、改めて日本の民主主義の問題点についておうかがいします。谷口先生からお願いできますか。

谷口　これまでの議論とつながってくるところだと思いますが、戦後の日本がとり得た政策的な幅にはそもそも制約がありました。親米政策と経済成長政策以外は選挙で票にならなかったという分析結果も出ています。

代議制民主主義、間接制民主主義を通じて国民は選択していましたが、本当の意味での主権者意識が育ったかどうか。経済的、社会的、政治的には効率が良かったかもしれませんが、「エリートに任せておけばいいいや」「自分は従うか、文句を言うかでいいいんだ」といったような非常に受け身の民主主義を生んでしまった面もあるように思います。

結果として、政党間競争があまりなく、政権交代も少ない。安定した政治ではあるのですが、長い目で見るとやはり停滞につながった。それが経済成長の鈍化と相まって閉塞《へいそく》感となり、90年代に急いで政治改革を行うことになったと思っています。

マッケルウェイン　政治意識を測ることはすごく難しいですが、調査で政治的有効性感覚――「あなたは自分が政治を変えられると思いますか？」という質問に対する意識――を聞いてみると、日本は国際的に見ても政治的有効性感覚が低く、政治参加に対する意識も低いです。ただ、「ヒーローを必要とする社会は不幸だ」という考え方があるように、つまらないと思われている政治が必ずしも悪いものだとは限りません。アフリカ研究者と話をしていると、多くの市民は地元の代議士の名前を知っていると言います。というのは、知らないと利益を享受できないからです。

日本はこれまで何となくうまく収まってきましたが、最近は収まらなくなっているかもしれないというのが、多くの人が抱いている危機感だと思います。これも日本に限った問題ではありませんが、少子高齢化は、様々な社会サービス、経済成長に影響を及ぼしていると思います。私が興味深く見ている点の一つは、世代間の価値観の違いです。価値観は、もちろん年齢やライフサイクルによって変わりますが、やはり生まれた世代によってジェンダーやセクシュアリティ、外国に対する意識は違います。分析していくと、経済に対する先行き、景気に対する認識も、楽観的か悲観的かは世代によって変わります。例えば、政府がデフレ脱却政策をやろうと思っても、ある世代の人々がインフレを経験したことがなく、根本的に「インフレリスクは低い」と思っていれば、ゼロ金利や量的緩和などの効果は、想定より小さくなる可能性があります。

世代間で価値が異なるのはどこの国でもあることですが、あわせて問題なのは日本の政治参加の年代別比率です。60代以上の投票率は時代とともに少しずつ落ちてきてはいますが、それほど下がってはいません。8割ほどだったものが今は7割とか65％になっています。一方、20代の投票率を見ると、1950年代や1960年代には投票率は60％台でしたが、今は30％台にまで落ち込んでいます。政治が投票する人の声を反映するものだと考えると、高齢者が増えていて、なおかつ高齢者のほうが投票率が高い、だから彼らの声がより反映されるということです。高齢者と若者では様々な点で価値観が違うので、これまでも問題となってきた政治的有効性感覚の低さや政治に参加する意欲の低さがさらに弱まるのではないかと思っています。

竹中　ありがとうございます。インフレに対する考えが違うというのは、世代間でインフレについての価値観がかなり異なるということですか？

マッケルウェイン　全体的な景気に関する意識は実はそれほど変わらないのですが、これからの暮らし向きや物価変動など、先のことを考えた時にどのように変わっていくと予想しているかという部分を見ると、年齢だけではなく世代間でかなり違いが出ます。

例えば、バブル期の80年代くらいまでに就職して家庭を築いた人と、就職氷河期世代の人と、現在就職の時期を迎えている人では、これから経済がどこまで伸びるのかという感覚が違います。就職した時のジョブ・マーケットはその後の所得にもずっと影響を与えますから、どこまで貯蓄するべきか、結婚できるかできないか、ということにも関わってきたりするのです。そこのところで政治に何を求めるかが変わってくると思います。

竹中　就職時の景気が後々まで影響するのですね。かつ、若年層は投票率が低いので、政治に意見が反映されず、その結果、先ほど谷口先生がおっしゃった主権者意識がますます低下してしまっているということでしょうか。

マッケルウェイン　それはあると思います。もう一点付け加えると、男女での政治参加にもある程度違いがあります。投票率を見ると、60歳未満では女性のほうが投票率が数%高いですが、65歳、75歳を過ぎると女性の投票率は相対的に低くなり、80歳以上では男性の投票率のほうが15%以上高くなります。この不均等は、今の若者は女性のほうが投票率が高いですから、一世代、二世代で解消される点だと思います。しかし現在の問題として、政治に反映される声が、必ずしも社会の構成員をバランス良く反映しているわけではないという点があります。

竹中　おっしゃる通りだと思います。それでは高安先生、お願いします。

高安　日本の民主主義の課題・問題については色々な整理ができると思いますが、5点、挙げたいと思います。1番目に、日本の民主主義の直近の大きな問題としては、政党間競争の機能不全があると思います。個人の自由を支え権力の抑制を行う司法制度、報道の自由、表現の自由、知る権利を担うマスメディアのあり方などさまざまな憲法秩序は、結局のところ政党間競争によって支えられています。権力分立制などのいわゆるコンスティチューションは、社会のある種の対立の均衡として利用されるわけです。ですので、連邦制のようなところだと連邦の単位である州同士の間の対立、あるいは連邦と州の間の対立というのがあって、政治社会の秩序を維持できるのです。そうではない社会では、政党間競争が良い意味での一番大きな緊張を生みます。ところが、政党間競争が機能不全の状態だと、権力が交代したりさせられたりという恐怖が失われます。権力の担い手の自己規律や、有権者に寄り添おうとするインセンティブ（誘因）が失われるわけです。日本の場合、この10年ほどで様々な憲法に関する縛《しば》りが、ずいぶん緩《ゆる》くなりました。権力者側が自由解釈をする、あるいは変更する場面が色々と見られる[*12]ということは、この辺りを反映していると思います。

権力の抑制という点で問題が出てくるということは、人々による自己決定を難しくするということでもあります。政治権力をもつ人々を縛る主権者の手綱《たづな》が緩んでしまうことになるからです。そして、権力を担う側は民意に鈍感になって自己都合を優先し、人々は、野党は権力には届かない、と考えて軽視します。人々は政党が自分たちの利益を政治に反映していると思わなくなってきている。そして、「自分たちの意見を反映してもいないし、しなくてもいいし」という、どんどん悪いスパイラルになる可能性があります。

2番目は代表制の問題で、議員さんたちが国民の縮図になっているのかどうか、という点です。地方政治と国政とで共通する点、異なる点がありますが、国政で言えば議員は都道府県代表であるという点がものすごく重視されてきました。衆議院選挙の小選挙区制の区割りにあった一人別枠《ひとりべつわく》方式は廃止されましたけれど、各都道府県にまず1議席ずつ配分するもので、参議院の選挙区も半数改選なのに毎回全都道府県に最低1議席は配分しようとしてきました。結局これが維持困難で「合区《ごうく》」が導入されましたが、強い不満が一部にあります。衆議院選挙の小選挙区でも参議院選挙の選挙区でもとにかく各都道府県から必ず一人は国会議員を出さないといけないという主張が異常に強いわけです。

ところが、ジェンダー、特に男女でいうと衆議院は女性の比率が9%、参議院は26%くらいです。参議院の存在意義はこういうところにもあるのかもしれませんが、とはいえ男女比で見ても年齢、職業で見ても、国民を代表しているとは言い難い。世代や職業などの偏りも大きく、特に、女性の割合と世襲の問題は深刻です。世襲であっても、親も親戚もいない選挙区から出馬するのであれば本人の能力と言えると思いますが、親の選挙区から出馬したらまったく話になりません。世襲議員たちは政治資金でも親の「遺産」を有利に継承しています。能力説は全然信用ならないわけです。やはりエリート層と一般の人との乖離《かいり》が、代表という点でもくっきり出てしまっており、先ほど言った、議員さんたちが国民の縮図になっていないという話につながっていくのだと思います。

3番目は、政治社会における情報の多元性です。これについては、2010年代になってから色々なところで「?」マークが付いて、懸念が出てきていると思います。国連の「表現の自由」に関する特別報告者の報告は、日本における、政府のメディアに対する直接間接の圧力に懸念を示していますし、国境なき記者団の「報道の自由度ランキング」では日本は2010年の11位から2017年の72位へと大幅に順位を下げています。2023年度も68位です。既成メディアに対する批判が、心配なレベルにまで高まっていると思います。もちろん、日本だけではありませんが、インターネットの中の別の競争相手が出てきたことによって、情報のコマンディング・ハイツ（管制高地）を握《にぎ》っていた既成メディアが批判されているという面があると思いますし、既成メディアの読者層、視聴層が減ってきている、味方が減ってきているということもあると思います。

同時に、政治家によるメディア攻撃については、何度でもはっきり言っておかないといけないと思っています。新聞の場合、新聞間の分断も促進されました。本来ジャーナリズムはジャーナリスト村で一緒に頑張るもので、主義信条が違ったとしてもどこかが攻撃されたら一緒に守らないといけません。権力の担い手から個別撃破されて、自由なジャーナリズムが失われれば社会全体のためにならないからです。ところが現在、ジャーナリスト同士の連帯が失われており、その状態の中で、メディアが政治家から攻撃されています。民放のテレビ局に対しては、総務大臣から、政治的公平を求める放送法4条を妙なかたちで持ち出されて、報道の自己抑制が促されています。「中立報道」という建前で、批判的な報道や発言を封じ込めようとしているようにみえます。

NHKに関しては、やはり経営委員会の問題が非常に大きいですし、国会に予算を承認してもらう必要があるといった問題もあります。[*13] 現在起きているのは、ジャーナリズムが攻撃された時に「やられて当然なんだ」という感じが一部にあるなかで、権力の担い手がこれを実際にやってしまうということです。有権者に届けられる情報の多元性が失われていっているという強い懸念があります。

ジャーナリズムはタフ・クエスチョンズ（tough questions：厳しい質問）を投げかける

のが仕事です。「あなたの意見は何ですか？」と問われて政治家が答える。その答えに対して「それは違う。こうですよね」と言って、事実と違う点や矛盾、提起されている批判を指摘して、その上で「では、あなたはどう答えますか」と聞くのが仕事なのですが、それが難しくなったところがあります。タフ・クエスチョンズは政治家個人を批判しているわけではなくて、政治家が自らの行為や決定、発言に対してきちんとした説明をできるかどうかを問うているわけです。それは主権者であり、最終的にその結果を引き受けさせられる人々に、必要な情報を提供するものです。しかし、なぜかジャーナリストについて「会社員のくせに」とか、不遜《ふそん》、無礼であるなど色々なことが言われています。ジャーナリストとのやりとりは日常会話とは異なります。ですから、こうしたジャーナリストに対する攻撃はやはり非常に懸念されます。

4番目はポスト・デモクラシーです。*14 これは谷口先生がおっしゃっていたことと同じですので割愛します。制度があってもそれを担う人々の熱意が低下していることは各国で見られていることですが、特に日本で見られます。「お任せ民主主義」というのでしょうか。おかしなことが起こっても人々が動かなくなっており、これは非常に懸念される点です。デモクラシーはこういったところから崩れていくのだろうと思います。

5番目は、少し落ち着いてきた感じがありますが、ナショナリズムと排外主義についてです。戦前の問題は、洋の東西を問わず、ナショナリズムが吹き荒れることによって国家間の対立が国民レベルにまで行き渡ったことでした。戦後は、少なくとも主要国では、それをエリートレベルでうまくコントロールしてきた面があったと思います。ただ、ナショナリズムがエリートレベルで利用されるようになってくると、段々とコントロールできなくなってくるものです。日本だけの問題ではありませんが、ナショナリズム、さらには排外主義につながってきていると感じる面が、一時期ほどではありませんが、見られます。それが強くなれば、今回の討論のテーマである自由主義とデモクラシーにとっては脅威となります。こういった懸念は、指摘しておくべきだろうと思っています。

竹中　ありがとうございました。お三方に共通する点もあれば、高安先生がかなり強調された点もあります。今、高安先生がおっしゃった話の前提として、権力がかなり強くなったということはありますか？

高安　そこは難しいですね。逆に権力に対する縛りが弱くなったと言うべきかもしれません。パンデミックを抑え込めなかったわけですから。権力が強くなったのならば抑え込めたはずです。

竹中　そこはまた深淵な議論があって、パンデミックに対応する権力が分割されていたので、集中的な対応ができなかったという問題があります。国と都道府県と特別区・市・政令市で権力が3分割されていて、それを統括《とうかつ》することが非常に困難であるという理由で、パンデミックへの対応が遅れたのだと思います。

　メディアと政治家との関係の話は、中央レベルでの権力が統合されるような改革をしてきた結果として生じた面もあるのかもしれません。また、政党間競争、政治的競争が機能していないという話も、自民党の凝集性が高まったことと関係しているのではないでしょうか。90年代以降の統治機構改革というのは政党間競争にも関係していますし、中央レベルでの権力の凝集性にも関係しています。その統治機構改革についてはどのように評価されていらっしゃいますか（90年代以降の統治機構改革については53頁〜の表1－1〜1－3も参照）。

高安　1994年の政治改革（選挙制度改革と政治資金改革）は、政策中心の政治、政党中心の政治を目指したもので、自民党内の多様性を政党間の多様性というかたちで展開させるのがその目的でした。政党は考え方でまとまっていることが重要となりますから、政党内が集権化することは、一つのあり方でした。ただ、政党内の集権化をさせるのであれば、その際には必ず、複数政党制の実質的な競争というものが担保されなければ、大変危険な状況になっていくわけです。その意味で、集権化だけをさせて、政党間競争をきちんと整備できなかった。それこそ、政治改革に関しては、そもそも政治工学的に野党は作れるのかという問題があります。大きな自民党はすでにありました。その実績に対抗できる野党というものが、果たして制度設計すればできるかというのは大問題です。野党が複数であれ一党であれ、自民党に対抗できる野党ができなければ、政治改革の肝は定まりません。その意味で非常に危険な改革であったと同時に、今その効果は発揮されていない。アクセルだけが用意されて、ブレーキがない車のようになってしまっていると思います。

竹中　多くの方々はご理解されていると思いますが、念のため話を整理しておきます。統治機構改革というのは、まず１９９４年に、それまでの中選挙区制を、衆議院は小選挙区制と比例代表制を組み合わせる制度に、参議院は小選挙区制と中選挙区制と比例代表制を

表１－１　１９９０年代以降の統治機構改革の全体像（大枠）

統治機構改革（広義の政治改革）				
選挙制度改革（狭義の政治改革）	中央政府の改革		中央政府以外の改革	
	行政改革			
	内閣機能強化	省庁再編	中央銀行・大蔵省改革、司法制度改革	地方分権改革

表１－２　統治機構改革　各領域の主要事項

選挙制度改革（狭義の政治改革）		94年 政治改革四法、成立（公職選挙法改正、政治資金規正法改正、衆議院議員選挙区画定審議会設置法制定、政党助成法制定）／96年 小選挙区比例代表並立制による初めての衆議院議員選挙
行政改革	内閣機能強化	96年 行政改革会議、発足（橋本内閣）／98年 中央省庁等改革基本法、成立／14年 国家安全保障局（ＮＳＳ）、設置。内閣人事局、設置
	省庁再編	96年 行政改革会議、発足（橋本内閣）／98年 中央省庁等改革基本法、成立／01年 省庁再編（1府22省庁から1府12省庁へ）
中央銀行・大蔵省改革、司法制度改革		96年 中央銀行研究会、設置／97年 日本銀行法、改正／98年 金融監督庁、発足（その後00年から金融庁に）／99年 司法制度改革審議会、設置
地方分権改革		93年 国会で「地方分権の推進に関する決議」／99年 地方分権一括法、成立／00年 機関委任事務の廃止／03年～ 三位一体改革（中央政府からの補助金削減、税源の移譲、地方交付税の改革と削減）／06年 地方分権改革推進法、成立

※表１－１、１－２は、待鳥聡史『政治改革再考――変貌を遂げた国家の軌跡』（新潮社）を参考に作成。

表1―3　統治機構改革　各領域の主な問題点と、改革の効果

統治機構の改革の必要性が意識され、実行された背景には、1980年代末から90年代初頭にかけての国際環境・社会経済環境の変化に対して、従来型の日本の政治が、迅速かつ有効な対応をとれなかったことがあった。国際環境の面では、89年のベルリンの壁の崩壊の2年後、91年に起きた湾岸戦争に際して、日本は資金援助を行ったのみで、協調する他の先進国等に足並みをそろえることができなかった。一方、社会経済の面でも、国内でバブルが崩壊し日本経済の凋落《ちょうらく》が始まったにもかかわらず、日本の政治は従来型の利益配分政治を越える有効な対策や長期的なビジョンを打ち出せなかった。こうした状況への危機感が契機となり、幅広い改革に結びついたと考えられる。

なお、改革の具体的な内容は多岐にわたるため、この表では待鳥聡史『政治改革再考――変貌を遂げた国家の軌跡』（新潮社）を参考に、同書と本書の内容に沿うものを中心にとりあげた。

	改革前の問題点	改革後の効果（想定された効果、実際の効果）
選挙制度改革	中選挙区制（議員定数2～6程度）では、20％以下の得票率でも当選できる場合があり、小政党が議席を確保しやすい。その一方で、政党の勢力図が変わりにくく政権交代が起きにくかった。また、与党である自民党の複数の候補者が同一選挙区で議席を争うことが多いため、自民党議員同士が有権者へのサービスを競い合い、それが政治腐敗につながっていた。	小選挙区制（議員定数1）の導入で、当選には50％以上の得票が必要になる。これにより、①大政党に所属する候補者以外は当選しにくくなる。②その時々の社会環境をより敏感に反映した投票結果が得られ、政党の勢力図が変わりやすくなる――これらの効果で二つの政党が政権を争う二大政党制の実現に近づくのではないかと想定された（ただしこうした効果は、衆議院の選挙制度として小選挙区制に加えて比例代表制を併用する一方で、参議院の選挙制度として小選挙区制に加えて比例代表制と中選挙区制を併用しているために、減殺されていると考えられる）。また、小選挙区制（議員定数1）の導入により、同一の党に属する複数の議員による有権者へのサービス合戦や政治腐敗が防止されることが期待された。

地方分権改革	中央銀行・大蔵省改革、司法制度改革	行政改革	
		省庁再編	内閣機能強化
中央政府が地方政府に対して権限を持ちすぎている、関係が垂直的すぎるという批判・問題意識があった。財政面を含めて地方の自律性が低いという批判・問題意識があった。河川管理などの国の行政事務を地方自治体が代わりに担う「機関委任事務」が行われていた。	［中央銀行・大蔵省］大蔵省が財政・金融を一手に担うことの弊害が指摘されていた。また国際的に、政府と中央銀行がどのような関係にあるのが適切かについての議論が高まっていた。 ［司法制度］司法が国民に縁遠いものになっていた。	行き過ぎた「縦割り行政」が行われていた。人材採用が省庁ごとに行われていた影響もあり、官僚は自らの省庁への帰属意識が強く、国益ではなく省益を追求しているという批判があった。また各省の官僚が族議員や関係業界と結びつき、「政官業の鉄の三角形」を形成し既得権益を守っているとの批判もあった。	首相はあくまで各大臣の「同輩中の第一人者」であり、所轄《しょかつ》省庁の業務を管理するのは各大臣だった（分担管理原則）。また閣僚ポストの人事権や内閣提出法案を作成する権限を、自民党やその派閥の意向を伺《うかが》いながらでないと行使できなかった。政策立案は、自民党の族議員と各省の官僚によってボトムアップで行われており、ミクロ的な視点で個別利益が追求される傾向があった。
２００１年の機関委任事務の廃止、２００３年からの三位一体改革（中央政府からの補助金削減、税源の移譲、地方交付税の改革と削減）などにより、中央政府と地方政府の関係は、より水平的になった。財政面を含めて地方の自律性が高まった。	［中央銀行・大蔵省］財政は財務省が、金融政策は日本銀行が、金融行政は金融庁が担う体制に変わった。 ［司法制度］法科大学院の設置や司法試験制度の変更による法曹人口の増加、裁判員制度の導入を通じて、司法を国民により身近にすることが試みられた。	２００１年の省庁再編で、1府22省庁が1府12省庁となり、過度な縦割り行政の緩和につながった。人材採用の方法も多様化し、従来の新卒採用に加えて、中途採用も行われるようになった。	２００１年の省庁再編に際して内閣府と特命担当大臣ポストが創設され、首相の特命事項について内閣府の官僚が政策立案することが可能になった。また内閣官房が政策の立案や調整を行うことを明確にした。これらにより、重要な政策の多くが官邸で立案されることになった。さらに２０１４年の国家安全保障局（ＮＳＳ）創設によって安全保障・外交について、また同年の内閣人事局設置によって各省の人事権についても、官邸への集権化が進んだ。これらにより、首相が、マクロ的な視点から、トップダウン型の強いリーダーシップをとることが可能になった。

組み合わせる制度に変えました（選挙制度改革）。これによって自民党内の派閥が弱くなり、党首の指導力がアップすることになります。その後、橋本龍太郎政権下で設置された行政改革会議の最終報告に沿うかたちで、２００1年に省庁再編が行われ、また内閣総理大臣が持っている権限が強化されました（行政改革）。それまでは政策の中心の担い手は大臣でしたが、「内閣総理大臣としてやりたいことがあれば自分でやっていいですよ」という趣旨で、内閣総理大臣が直轄《ちょっかつ》で政策を運営して良いことになりました。与党党首としての権力がパワーアップしたこと、内閣総理大臣として権限を獲得したことが相まって、結局は与党、政権側がかなり強い力を発揮できるようになったわけです。また選挙制度改革、行政改革以外にも、中央銀行改革、司法制度改革、地方分権改革なども行われました。

先ほど高安先生がおっしゃったのは、与党を牽制《けんせい》するための野党の存在があっても、十分機能してこなかったということですね。しかし、それ以前は決められない政治だとか、日本は散々言われていたわけです。例えば対外交渉に出て行っても、全体方針を前もって決められず、各省庁が個別の方針で交渉するので各個撃破されてしまって、日本として何も成果を出せずに戻ってくる。また、湾岸戦争のような危機があっても、国内調整をしているうちに時間が経ってしまって――もちろん憲法解釈の問題もありましたが――、日本国として対応ができなかったという問題がありました。その辺りについて、高安先生はどうご覧になられていますか？

高安　政治改革と行政改革について考えてみますと、行政改革と政治改革が併存しているという理解もありますが、実は力関係からすると政治改革が主だと思います。行政改革は、色々なやり方がある中で、橋本行革は、一つのやり方であったと思います。政府中枢の指導力や政府全体の調整は必要でした。何かを実現するための権力、政治的リーダーシップは日本政治に確かに必要でした。ただし、２０１４年に設置された内閣人事局はもっと慎重な制度設計と運用が必要でした。

他方、問題だったのは政治改革のあり方で、リベラル・デモクラシーにとって注意しなければならない重要な側面がありました。選挙制度を変えるのであれば、その目的である政党間競争が担保されるような制度にしていかなければ、結局一強になってしまいます。集権化した政府内で誤った決定や判断がなされた時、修正する力が働きません。権力の創出と制御は両輪です。適切な制御がなければ、すなわち緊張がなければ、社会に必要とされる「よきもの」を導き出す権力はそもそも創出され得ません。

政治改革以前からずっと、小選挙区制の導入について危惧する論調はありました。日本の社会は二つのグループに分かれていないので、ひとつの方向へ向かってしまう、と。以前、高名なアメリカの政治学者であるT・J・ペンペル先生[*15]が「日本の政治は展開しないサッカーのようなものだ。全員がボールに集まっていく」と言っていて、すごく納得した記憶があります。そういう社会で、どのように政党間競争を担保していくのか。政党間競争を促進するようなかたちの制度設計、あるいは制度設計その他を補強するものが必要だったのだろうと思いますし、今後、改革を行うのであれば、そこが大切なポイントとなるはずです。

竹中　谷口先生はいかがでしょうか。

谷口　私は「横の民主主義と縦の民主主義」と言っているのですが、戦後の日本は、「横の民主主義」つまり階層間の貧富の格差を小さくしよう、地域間格差を減らそう、など、同時代的な格差を減らすように頑張ってきました。行政も自民党もうまくやってきたので

表1－4　選挙制度　分類と特徴

◎選挙区制による分類

大選挙区制	中選挙区制	小選挙区制
ひとつの選挙区から2名以上の議員を選ぶ選挙制度。理論的には、中選挙区制も大選挙区制の一種である。非常に少ない得票数でも当選可能であり、小政党に有利な制度といえる。	大選挙区制の一種。ひとつの選挙区から数名の議員を選ぶ選挙制度。日本の衆議院選挙は、１９９３年までは、議員定数2～6の中選挙区制で実施されていた。少ない得票数で当選可能であり、中小政党に有利な制度といえる。	ひとつの選挙区から1名の議員を選ぶ選挙制度。大政党に有利な制度である。

◎代表制による分類

多数代表制	比例代表制
最も多い票数を得た候補者を当選者とする（ただし国や地域により、最多得票者でも得票が過半数に達していない場合は当選者とせず再度投票を行う場合もある）。	大選挙区全体の議席数を、各党の得票率に比例して配分する制度。有権者は投票用紙に政党名を記入して投票する。得票数に比例して議席が配分されるので、小政党も議席を確保しやすい。

◎投票方式による分類

単記投票制	連記投票制
投票用紙に候補者名を1人だけ書いて投票する。	投票用紙に複数の候補者名を連記して投票する。

＊現在、日本の衆議院議員総選挙は、小選挙区制と比例代表制を組み合わせた小選挙区比例代表並立制で実施されている。選挙制度改革の際、二大政党制を実現する意図で小選挙区制（大政党に有利。また与党の交替が起こりやすい）を基本にすえたが、中小政党にも配慮する必要があり、中小政党に有利な比例代表制を併用することになったと考えられている。なお参議院議員選挙は、小選挙区制、中選挙区制、比例代表制を組み合わせた制度で行われている。また地方議会では、多くの場合、小選挙区制、中選挙区制、大選挙区制が併存している。

長期政権になっているのだと思いますが、その問題点は、「縦の民主主義」を犠牲にしている、つまり次世代に負の遺産を先送りする手法を続けていることです。借金を増やしながら、再分配を拡大させ、次世代にツケを回しています。

私は授業などで若い人に、「今の日本の財政、福祉、経済、色々な問題は、後ろに先送りするかたちで何とか凌《しの》いでいる状態なんですよ。次世代が目を覚まさないと本当に大変なことになりますよ」と問いかけてきました。しかしながら、自分も含めた上の世代が、世代対立も覚悟して若者の民主主義意識を育ててきたかと言えば、反省するところが大きいです。

竹中　そのことは、先ほどの政党間競争の問題と何か関係しているのでしょうか？

谷口　例えば、首相や執行部の力が強くなり、メディアに対する統制も強くなっていることは、国際環境や経済情勢が悪化して、政府としても自民党としても余裕がなくなっていることの表れだと思います。環境が悪化すると政党間競争などの対立は高まるでしょうが、もっと厳しい状況になると、政治的競争をする余裕もなくなり、政府による集権化が進むかもしれません。権威主義体制はそのようにして生まれるのだと思います。現状の権力構造、自民党の長期政権という構造は、もっと早く変えるべきでした。政権交代という点でも、選択肢となる有効な政党が必要です。しかし、多様な政党ができて、ヨーロッパ的な多元的な政治を行う余裕があるかといったら、実は今の日本は余裕はもうないと思います。

竹中　先ほどのお話で谷口先生は、政権交代がないこと、そして政党間競争で自民党があまりにも勝ち過ぎていることは問題だとおっしゃっていたと思います。

谷口　おっしゃる通りです。ただ、もう少し早く、自民党の長期政権という構造を変えるべきだったということです。

竹中　問題としてはあるけれども、権力構造を変えるのが遅かったので、今となっては政党間競争をちゃんとやっている余裕がない、というのがご意見ですか？

谷口　日本でヨーロッパ型の多党制で安定した政治を行うことが難しいと思うのは、マッケルウェイン先生も最初におっしゃったように、そもそも社会的亀裂（social cleavage）がないからです。それがないのに、長年続けてきた一党優位体制に基づく政治のあり方を変えようとするなら、しっかりとした受け皿政党が成長する必要もありますし、選挙制度なども今一度大きく変える必要もあると思います。

竹中　多党制でやっていく余裕がないことはわかります。制度設計者が考えていたのは二大政党制ですが、比例代表をくっつけておきながらどうやって二大政党制を狙っていたのかと言いたくもなります。谷口先生がイメージしているのは、自民党が強過ぎるという話からすると多党制ではなくて二大政党制ですか？

谷口　適切な政党の数というものは決められないですが、多党制による政党間競争を行っている余裕がないとすれば、二大政党ないし、各政党が二つのブロックにまとまるようなかたちが考えられると思います。

選挙制度改革を行ったあとに見えてきたのは、自民党の政策位置は動いていないのに、社民党・共産党・公明党が中道寄りになってきていることです。そして、環境の要因もあったと思いますが、選挙制度改革は、有効な活動ができない政党を振り落とす機能もあったのだと思います。今は左派政党も現実化していますし、そういう効果はあったと思います。

竹中　ありがとうございます。では、もう少しすると中道左派ブロックがさらに現実化して、政権をとれるかもしれないですね。先ほど高安先生が、1994年の政治改革（選挙制度改革）と省庁再編などの行政改革は別の話だとおっしゃっていましたが、少なくともコロナ危機で、中央権力は地方権力に対して弱いということははっきりしたと思います。ただ、政治改革の時に多くの人がおそらく考えていた制度設計は、きちんと政権交代が行われて、強くなった権力に対して野党がしっかりと牽制《けんせい》し、権力が自立する、というものだったと思います。でも実際には権力だけが強くなり、野党が弱くて自民党を代替し得る受け皿にもなっていません。だから自民党は緊張感がないのではないかということはよく指摘される点です。マッケルウェイン先生、この辺りのことに対してはどう思われますか？

マッケルウェイン　制度の設計や改変が難しいのは、ルールを変える権限がある人たちは現行制度で勝ってきた人たちなので、あまりルールを変えるインセンティブ（誘因）がないことです。ただ、選挙に負けて自分が野党になる可能性があると思った時に政府の権限を制約するといった、政権交代に関連して生じるインセンティブはあると思います。

統治機構に関して言うと、必ずしも選好は、与党か野党かで分かれるわけではありません。例えば、比較的小さな政党は比例代表や中選挙区制度を好みますし、都市部ベースの政党は地方分権を進めたいでしょう。どのような変革でも、大多数の支持を得られるものはなかなかありません。唯一議席の過半数を持っている自民党だけは、内部で合意さえできれば制度改革ができます。ただ自民党は政権に長くいますから、政治的戦略として中央集権化を望むのが合理的だと思います。

そこで危惧されるのは、また55年体制のようになってしまうのではないかということだと思います。ただ、55年体制下で38年間ずっと自民党が政権を握ってきたといっても、安全に勝っていたかといえば、70年代半ば以降はぎりぎりで勝った選挙も多く、毎回「もしかして今回は負けるかもしれない」という状態でした。新自由クラブや公明党が結党するということもありました。この「負けるかもしれない」という状態は、自己統制につながり、また野党とその支持者への配慮を生じさせます。中選挙区制度というシステムでは、必ずしも選挙区のすべての議席で勝てるわけではありませんから、再分配的な利益は他の政党と多少シェアすることにつながります。

私の師匠の一人である中央大学にいらしたスティーブン・リード先生[*16]がよく言っているのは、選挙制度改革というのは選挙を3回行って初めて、その新しい均衡値にたどり着くということです。小選挙区比例代表並立制は1996年から使われ、2000年、2003年の選挙では民主党が第1野党として力をつけていき、2009年に民主党が勝つことで、二大政党化が達成されたと思われました。しかし、現在ではその構図が完全に崩れて、いつまた戻るのか先読みがまったくできません。どのような政党システムがいいのかという谷口先生、高安先生の議論にもつながりますが、やはり負けるリスクがあまりない政権与党というのは、多様なオピニオン、権利、選好を採り入れるという民主主義的な部分でうまく機能しないと思います。

高安先生が主問題として挙げられていた一つで、議員が国民の縮図になっていない、つまり世襲が多い、女性が少ない、年齢が比較的高い、といったお話がありました。谷口先生もそうだと思いますが、サーベイ実験[*17]を行っていると、どういうふうに質問したとしても多くの人は、世襲議員を「嫌い」「あまり好まない」と答えます。また、男女どちらの候補が良いかという質問に対しては、どちらかと言えば女性を好む傾向はありますが、そこまで大きな違いはありません。でも実際に選挙で選ばれる人たちはそうではないですよね。

もう一つは、どの候補者が議員になるのかは国民が選んでいますが、そもそも誰が候補者になるかは派閥争いや組織票とのつながりなど、党内の論理が絡《から》んできます。ペンシルバニア大学のダニエル・スミス先生[*18]が日本の世襲議員についての本『*Dynasties and Democracy*（世襲権力と民主主義）』（Stanford University Press）で強く言っているのは地元との関係性です。後援会や商工会議所というのは、長期的なパートナーシップや約束を好みます。世襲議員は先代との約束を守ってくれる可能性が高いですから、彼らは早い段階から組織的に後押しします。他の新人議員は、そこまで簡単に地元の有力者のサポートを得ることはできません。

自民党が特殊な点は、他の政党に比べると党としての地上戦があまり強くないことです。個々の候補者は後援会などで地元とのつながりを保っていますが、自民党は党員が特に多いわけでもないので、結果的に候補者選びについては地元の利益や、前の議員の選好を受け継ぐことになります。つまり、有権者は与えられた選択肢からしか選べないということです。そして、その与えられた選択肢がそもそも多様ではないことが問題だと思います。

竹中　与党側、政権側が「自分たちは負けないだろう」と思って、緊張感が足りなくなるというのは、それはやはり選挙制度のせいなのでしょうか？

マッケルウェイン　選挙制度の弊害は色々あると思います。小選挙区比例代表並立制では比例代表制の部分があるので、少数政党も生き残る可能性があります。例えば、社民党は選挙制度改革後も存続していますが、一時期人気のあったみんなの党は長持ちしませんでした。こういった生き残り合戦があるわけですが、どの政党が生き残るのかについて政治学の理論によって必ずしも明確なことを言えるわけではありません。

私はなぜ野党がまとまらないのかが不思議です。私は政治文化や伝統のようなものを論拠や説明変数として使うのをどちらかというと好まないのですが、選挙制度を研究している人たちが以前から言っているのは、「この選挙制度は日本人に馴染まないのかもしれない」ということです。現在の制度をここまで使っても二大政党化しないのであれば、この制度が日本で運用される限り、もたらされる均衡値は二大政党ではないのかもしれない、ということです。

竹中　河野勝[*19]先生などは、選挙制度は一気通貫で上から下まで同じ制度でやらないと政党制は安定しないとおっしゃっています。それを進めて、上神貴佳[*20]先生、砂原庸介先生、建林正彦[*21]先生などは、中央レベルと地方レベルの選挙制度の乖離《かいり》があまりに激しく、加えて参議院もあるので、二大政党にまとまろうとする力と分散する力が選挙ごとにまちまちに働くことになっていると論じています。その結果、野党陣営がまとまらないことになるとされています。これに対してはいかがですか。

マッケルウェイン　政党の戦略にそのような影響を与えているというのはわかります。少し話が変わるかもしれませんが、政党システムがまとまらない、野党があまり競争力を持つことができない根本的な理由には、選挙運動期間が短か過ぎることがあると思います。衆議院は12日間ですが、そもそもその期間で大きな政策の話をすることは難しい。最近はインターネットでの選挙運動が解禁されてより幅広い有権者とコミュニケーションすることが可能になりましたが、選挙カーに乗って候補者の名前を連呼するといった選挙運動の内容はそれほど変わっていません。現状のシステムは、候補者ベースから政党ベースになったと言われていますが、限られた日数でできることはあまりありません。おそらくどの国でも、選挙期間にならなければ有権者は政治ニュースをそこまで見ないと思います。

竹中　わかりました。そこは色々な議論があるところかと思います。野党がまとまれない点について、制度論者であれば選挙制度が原因だと指摘することが多いと思います。谷口先生は、今までサーベイをされてきてどのように思われますか？

谷口　どのような選挙制度にしろ、国・地方に渡って統一的な制度にすることには、長短があるように思います。色々なタイプの選挙制度が並立していると、違う論理、違うタイプの候補者や政党が選ばれてきますから、結果的に政治の多様性を担保することになる、という考え方もできると思います。

また現実には、衆議院で小選挙区制の特徴が濃い選挙制度を採用しているからと言って、例えば都道府県議会選挙でもそれを導入できるかと言えば、難しいでしょう。各都道府県内では都市部と非都市部の人口の偏在が進んでおり、人口減少が続く地域では広大な合区《ごうく》を作らなくてはいけないし、都市部は人口が多くて候補者数も膨大になるので、選挙区を細かく分割しなければならない。1票の格差が拡大しないようにしょっちゅう区割りの見直しをしなければならず、その技術的困難さは増していくでしょう。一方で、同様に都道府県議会選挙で各都道府県を単位とする比例代表制を採用すれば、人口偏在がどうなろうとも区割りをしなくていいというメリットはあります。

ただし比例代表制を採用すれば、ヨーロッパ諸国の例にもあるように、地域性に根差した多彩な小政党が生じる可能性もあるでしょう。さらに、日本では都道府県議会議員は党派性を明らかにしますが、市区町村議員はむしろ党派性を出さないで住民の支持を得ようとする傾向があります。つまり選挙制度を統一的にするのは容易ではなく、またそうしたとしても、国政と同じような与野党間競争が生じる保証はないのではないかと感じます。

竹中　もう一つ議論しないといけないことは、ダイバーシティの問題です。高安先生も問題提起されていましたし、マッケルウェイン先生は政党がどのような候補者を選ぶかという問題を提起されていましたが、谷口先生はいかがですか。日本は明らかに女性が少ないですよね。

谷口　現状の日本においても、市議会選挙などでは、若い人も女性も出てきやすく、多様性があります。一方、町村議会と都道府県議会は非都市部を含んでいて、町村議会では地域の有力者が半ばボランティア的に議員となり、都道府県議会の場合には利益団体や地域団体、商工会議所を背負っているような人が選挙で選ばれやすくなります。そういう意味で、都道府県議会と町村議会では、女性や若者はなかなか候補者として選ばれませんし、新規参入のハードルが高いです。そして、国政になるとさらにハードルが上がる。このように、自然の成り行きに任せていたら、環境と競争性によって特定の属性の人に候補が収《しゅう》斂《れん》します。したがってパリテ法[*22]のような制度的介入も良いかとは思います。

それから、これもダイバーシティを阻んでいると指摘された世襲については、親や先代の地盤を継いでいると選挙で強い。ただ予測としては、実力・結果重視の政治になると、世襲政治家は減るだろうと思います。今までは日本の中央集権的な行財政構造の中で、中長期的に中央からの利益を引き出すパイプ役ができるという点で世襲政治家が重視されてきましたが、そもそも分配可能な利益が減ってきています。また今回の新型コロナウイルス感染症への対処もそうですが、重大な問題にうまく対応できないと、政治家としての限界が露呈してしまうわけです。

竹中　ダニエル・スミス先生の研究は、世襲議員は減ってきているということを議論しています。そしてもう一点、先ほどの日本人の主体性の話についておうかがいしたいです。先ほど、政治に対して「消費者」のような姿勢をとる消費者民主主義、コンシューマー・デモクラシーのお話がありましたが、なぜ日本人は主権者意識、自分が政治を変えられるアクティブなアクターだという意識が少ないのでしょうか。

谷口　世論調査の結果から見えるのは、基本的に日本人はとても合理的だということです。自分がやらなくても他者がやってくれて、結果が良ければそれがいい、というところがあります。

少し話がそれますが、中国にいる研究者の話を聞くと、中国の若い世代の人たちは、国が発展して国際的プレゼンスが上がり、また経済成長によって生活レベルが向上しているから、今の中国のモデルで良いと思っているそうです。これまでは先進国は民主主義なのに自分たちの国は残念だと思っていたけれど、今は段々自信を深めているということです。

そのように、結果が良ければ現体制を支持するという性質はある程度普遍的であるとすれば、日本人も結果が良い限りにおいては政府の言うことを聞くのだと考えられます。ただ、マッケルウェイン先生もおっしゃっていたように、調査をすると政治への不満や不信は非常に高い。特にコロナ禍などもあって経済も社会も明るい材料が少ないですから、色々なかたちで政治への不満を抱えていると感じます。先ほど、ガブリエル・アーモンドやシドニー・ヴァーバが戦後の日本人を「臣民」と評したと言いましたが（28頁参照）、現在は税金を負担している対価としてサービスを要求する「消費者」の段階であり、主体的な「市民」として成熟する前の状況なのかなと思います。

竹中　マッケルウェイン先生、先ほど高齢者が増えていて、かつ投票率が高いというシルバー・デモクラシー*23の話をご紹介されました。同時に、若者がますます投票しなくなっているというお話でした。もし皆が合理的であれば投票率は等しく下がるはずですが、高齢者の投票率が高いのは、彼らが社会福祉というかたちで見返りを受けているからでしょうか？

マッケルウェイン　政治的有効性感覚が下がっていることと投票率の低下が連動しているということは実証できるのですが、なぜ有効性感覚が下がっているかという点は谷口先生のほうがお詳しいかもしれません。例えばサーベイでは、自分は政治を変えられると思うか、政治家は自分の声を聞いてくれると思うか、といった質問事項によって有効性感覚を調べます。日本は他国に比べて低いのですが、逆に他の国はどうしてあんなに高いのだろうと考える時があります。合理的に考えると、一人で色々なことを変えるのは難しい。でもそれを信じることは民主主義の根本として大切です。谷口先生がおっしゃったように、日本はどちらかというと合理的なほうになびくというか、傾いているというのはあると思います。

日本国際交流センター事務局　その点に関して、2点、質問させていただいてもよろしいでしょうか。まず1点目は、若者の政治に対する主体性の弱さに関してです。1969年の当時の文部省の時に、「高等学校における政治的教養と政治的活動について」という通達が発出されて、生徒の政治教育や政治活動については、当時の時代背景や選挙年齢が20歳未満であることをふまえて、学校内外を問わず教育上の観点から望ましくない、というふうに指導することが求められました。このことがすべてではないにしても、現在の、政治に距離を置く姿勢の要因、政治への忌避感にもつながっているのではないかと思っています。この点に関して先生のご意見をおうかがいしたいです。

2点目は、一方で2016年から選挙権が18歳に下げられたことを受けて、高校生向けに政治的教育を育むための教育の一層の推進が図られているのですが、この点に関してどのような点に留意すれば良いのか。特にマッケルウェイン先生はアメリカ、イギリス、日本のすべての例をご存知かと思いますので、ご意見をうかがえたらと思います。

マッケルウェイン　未成年者に対して、成長過程のどの段階で政治について教えるかという問題がまず発生すると思います。例えば、高校で教えるとなると高校に行かない人が漏れてしまいますし、大学で教えるとなると大学に行かない人が漏れてしまうわけです。

アメリカの大学のキャンパスはすごくアクティブで、政治的な問題が何か起こったら、大きな広場で民主党支持者も共和党支持者もわいわいがやがや集まります。授業でも、皆が強い意見を持っています。これは失礼な言い方になるかもしれませんが、教える側からすると「それほど政治に詳しくないのによくそこまで意見が持てるな」と感じる時があるほどです。逆に、日本の学生は「政治は難しくてよくわからない」と言うのですが、「君たちが思っているほど政治は難しくないから、もっと参加してもいいんじゃないのかな」

と思います。若者の投票率を見てみると、アメリカと日本は似ています。20代の投票率はアメリカも日本も同様に低いです。ヨーロッパはもっと高いです。また、これは個人的に感じるところですが、例えば日本では、博物館や美術館に行く時に事前に勉強をしてから行くという意識があると思いますが、政治についても同じ意識を感じます。ダメもとで取りあえず行ってみようという感覚は、アメリカ人のほうが強いように思います。

政治をあまりにも崇高なものだと考えるのは、民主主義にとってはあまり良くないと思います。「自分は政治をあまり知らないから、知っている人が投票すべきだ」という有権者の考えは理解できなくはないですが、「投票している人は政治の知識が多い」というのはそもそも間違いだと思います。皆がわからないなりに試行錯誤しながら参加しています。そのことをどうやって若い人に訴えるのかが課題です。

谷口　民主主義においては、様々な対立や競争をふまえて、合意点を探ることが肝要と言えます。しかし日本社会では、家庭でも学校でも地域でも、こうした民主主義の次世代教育を本気でやってこなかったのではないでしょうか。先ほど事務局の方がとりあげた文部省からの通達に示されているように、学校教育の現場は政治に関する教育や活動について慎重さを求められた。

２０１６年から選挙権年齢が18歳以上になって、高校で主権者教育を展開することになったわけですが、それに先立つ２０１５年の文科省の通知[4]でも、やはり政治的中立性への配慮が求められています。日本では戦争の記憶もあり、前にふれたような体制選択や憲法の問題が左右の対立軸を成しています。こうしたことを踏まえて、教育者が統治機構や民主主義的な競争についてバランス良く教えることは、とても難しいのだと思います。それは我々、現代政治学をやっている研究者などが、民主主義には多様な側面があって、それを維持・運営するのは大変だけれども、それでも大事にしたほうが良いことをリアリティをもって伝えないといけないのですが、様々なレベルの教育現場でどう実践するかが課題です。

「若い人たちは政治に関心がなくて、困ったことだ」と言われていますが、何とかしないといけないと思っている若者もいます。ただ、今の日本政治、統治機構の問題点の一つに、政策が実現するまでにやたらと時間がかかるということがあります。政策が実現するまでには、選挙で人を選んで、その人たちが議会で多数派を作って、行政と政党と議会で根回しをして……というようにすごく時間がかかりますよね。一方で、例えばＡｍａｚｏｎで商品を注文すると今日届くといったように、とても便利な経済サービスが実現しているので、何年もかけて法案を通すなんて時間がかかり過ぎだと若い人は感じると思います。政治を変えることはあまりにも大変だ、と。新たに組織やネットワークを作るためには多くのリソースが必要ですし、それでやる気がなくなってしまうという面はあると思います。

　他方で小規模な地方政治においては、政治を変えるための直接民主制的な動きも見られます。代議制民主主義ではないかたちでの意見の生かし方、参加の仕方ですね。ＳＮＳの呼びかけによる政治参加や、電子署名なども増えています。今までのような仕組みをデフォルト（標準）としてそれを改革していくという発想だけでなく、今までになかった仕組みやツール、テクノロジーを使うという発想があった方が、若者の参加意欲が増すと思います。

竹中　谷口先生のコンシューマー・デモクラシー（消費者民主主義）を通り越した、ワンクリック・デモクラシー的な考えは興味深いですね。アメリカ人は有効性感覚をより強く持っているのに、日本人は合理主義（結果が良ければ現体制を支持する）という説明もできるかもしれませんが、やはり自分が政治をエンパワーできる存在、政治を変えられる存在だと思っていないからこそ合理的な行動をとるのではないかと私は思います。この違いはどこから来るのでしょうか？

谷口　おっしゃる通りだと思います。日本はやはり個が強くない社会ですよね。特に非都市部や伝統的なコミュニティでは、周りに忖度《そんたく》しないとその社会・地域の中で生きづらいということがあると思います。他方で、人々の流動性が高い都市では個に対するプレッシャーがゆるく、政治や行政に依存しなくても生きていける、という感覚もあるでしょう。ただその場合も、自分が快適に暮らしていられれば政治を変える必要はありませんから、やっぱり政治に参加しません。そういう状態が続いているのかなと思っています。

高安　選挙制度の話で少しよろしいですか。やはり制度の変化は大きい気がしています。選挙権年齢が20歳から18歳に下げられたことで、かえって高校における主権者教育がしづらくなったという高校の先生のお話もあります。つまり、選挙権年齢が20歳の場合には、まだ時間があるので、政党の政策を比べるとか、予想される良い点・悪い点といった議論を普通にできたのですが、18歳で投票するとなると、政策を比べると「偏っている」という批判が出るのではないかと心配し、結局、選挙制度の説明くらいしかできない。年齢を下げたことがいけないと言っているわけではありませんが、下げたことによって生徒が主権者そのものになるので、教育の現場ではかえって内容に踏み込めなくなっているということはあると思います。選挙権年令の引き下げが、政治に対し教育への介入のインセンティブを増してしまったということで、政治の問題です。

もう一つは、政治的有効性感覚がどこで育つのかという点です。日本の学校も変わってきているとは思いますが、例えば部活では「頭を使ってゲームを組み立てろ」ではなくて、「言われた通りにやれ」というカルチャーがまだ非常に強いですよね。要するに、自分がやったら本当に変わった、という経験が私たちは少ないと思います。大学の授業でも、学生が言ったことによって実際に何かが変わるという場面が積み重なっていくことによって、ゼミや授業への学生のコミットメントは明らかに高まります。

竹中　確かに日本では、日常生活で個人が「こうやったらどうだ」と提案をして、そしてそれが受け入れられることは少ないかもしれません。15年ほど前にこの有効性感覚の議論についてアメリカから帰ってきた人と話していたら、日本のレストランでは「こういうふうにアレンジしてください」とお願いしてもそれが通ることは非常に稀《まれ》だと。アメリカであれば「Oh, sure!」とやってくれることが多い、と言っていました。そうしたところでも、日本は自分が有効だという感覚を少なくする社会だという話になりました。

マッケルウェイン　日本の学校に通ったことがないので質問してもいいですか？　学級委員というのでしょうか、各学年の代表者・学級委員長は選挙で選ぶのですか？　それとも先生が選ぶのでしょうか。

竹中　選挙です。でも立候補する人がいないので、先生が事前調整して「あなた、ちょっと立候補しない？」などと声をかけることも多いと思います。

マッケルウェイン　政治ではないところで選挙でものを選ぶという経験が、日本人は比較的少ないのかなと感じることがあります。限られた利害関係者の中で、例えば村の選挙のように小規模な集団の中で選挙をやるというのは、社会的重圧があると思います。しかし主権者教育というのは、少しずつの積み重ねです。自分が選挙人にも被選挙人にもなり得るという経験が少ないと、若い時の価値観形成に影響を与えるのではないかと思いました。

竹中　この話も尽きませんね。次にメディアの話に移りたいと思います。まず、高安先生が先ほどおっしゃっていた「メディアへの攻撃」とは、権力が攻撃するということでしょうか？　確かに最近では、新聞がかなりポジションをとるようになっており、是々非々で臨む新聞が減ってきていることは言われています。こうした現象はなぜ起きているのでしょうか。また、攻撃性というのは、権力が強くなってしまって、それを牽制《けんせい》する野党が少ないからなのでしょうか。

僕の友人に、大統領制のもとで司法の独立性がどのような時に強くなるかという研究をしている人がいるのですが、それはやはり、ねじれている時だというのが彼女の研究成果でした。どういうことかと言うと、権力間の競争が激しくなっているから、司法がポジションをとったとしても別のグループ・党派が守ってくれるということです。この司法の話はメディアにもあてはまります。例えば独裁国家では、メディアがポジションをとりようがありません。もしメディアが権力を攻撃したらすぐにやられてしまいますから。世の中には多様な意見がありますが、メディアが色々なことを言っても大丈夫なのは、それを権力側で守ってくれる人がいるからではないでしょうか。だからメディアも中立を保てるのではないかと思うのですが、いかがでしょうか。

高安　逸話的なことで恐縮ですが、2000年代までは色々な政党の人が同じプラットフォームに出て喋《しゃべ》り合うという番組が多くありました。しかし、今、地上波ではバラエティであれ報道であれ、そういった番組はお見掛けしなくなったように思います。最近はBSで復活しているようですね。その影響もあると思うのですが、「期待する政治家の名前を挙げてください」と言った質問をした時に、90年代から2000年代は色々な名前が挙がりましたが、2010年代になると名前が挙がってこない。それは、政治家が自分の言葉で語る番組が減少したことも影響しているように思います。

竹中　それはなぜなのでしょうか？　自民党の中から個々の政治家をたくさん地上波の番組に出演させることは十分可能そうだと思うのですが。

高安　議員さん達が自由には出演しにくくなった政党もあるのでしょうね。また政党間競争の緊張が低下し、アピールをしなくても党は選挙に勝てるということが、やはり背景にはあるのだと思います。

竹中　あとは新聞ですね。新聞によってポジションの違いがかなりはっきり出るようになってきました。そういった変化が出てきたのはなぜでしょうか。

高安　色々な立場の新聞があるというのは、他の国でもあります。私自身が一回立ち止まってほしいなと思っていることは、ジャーナリズムは立場が違っても同じジャーナリズム村で支え合うのが大事だということです。ここのところが最近は少し失われています。例えば、朝日新聞が困った時、他の新聞社も朝日新聞を攻撃しているわけです。会社を超えて、ジャーナリストとしての矜持《きょうじ》がないことは心配だと感じています。

マッケルウェイン　高安先生がおっしゃったことに100%同意します。ジャーナリストとしてジャーナリズムを守るべきという価値観がトップにこないことは、ジャーナリズムの存在意義という点と、それが民主主義にどのような影響を与えるのかという点で、大問題だと思います。

もう一点、野党が強くないとメディアは強く出られないということも、その通りだと思います。政権は、自分たちが何かしらの規範、もしくはルールを破った場合、有権者がペナルティを与える可能性があるから自粛するわけです。メディアが政権に都合が悪い報道をしたり、裁判所が法令に対して違憲判決を下したりしたあと、与党がそれらを無視すれば、その対応を批判する野党に票が流れるリスクがあります。ただ、野党の評判が悪かったり、政権担当能力がないと有権者に思われていたりすれば、そのリスクは低くなる。つまり、ただ野党がいるだけではなく、メディアが強く出るためには「勝つ可能性のある野党」がいることが大前提にあると思います。要するに、守る野党がいないなら、メディアを攻撃しても政権にとって悪い結果にはなり得ない。メディアを攻撃しても政権に何のペナルティもないと思うなら、それはどんどんやるだろうと感じます。

竹中　おっしゃる通りですね。谷口先生はこの点についてどのようにお考えですか。

谷口　フリーダム・ハウス[*24]の調査などでも、メディアの発言の自由、報道の自由が世界的に下がっていると言われています。日本も同様です。

日本のメディアの状況には、少し特殊なところもあると思います。日本のように、全国民をほぼカバーするテレビや新聞があるほうが、国際的には珍しいかもしれません。日本の新聞購読率は非常に高いですし、全国ネットの民放のテレビ局もあります。例えばヨーロッパの小国の留学生に聞くと、そもそもテレビ局や番組がそれほど多くなくて、若い人はほとんどインターネットから情報を得ているということです。他方である東南アジアの国から来た留学生に聞くと、政党党首がそれぞれテレビ局などのメディアを持っていて、自分たちの主張を流していることもあるということでした。

全国民をカバーするようなテレビや新聞がある一方で、日本では情報メディアの選択肢が多く、高齢者は新聞、中年層はテレビ、若年層はインターネットによく触れているというように、世代によってそれぞれ違う情報を得ています。ですからジャーナリズムも、日本全体の世論に対する影響力という点では、相対的に減少せざるを得ない面もあると思います。例えば、ユーチューバーやライバーといった人々、あるいは政治家たちも、自由に発信しているからです。

一方、アメリカで懸念されてきたのは、特定のグループの人たちが、自分たちが聞きたい情報だけを取りに行く結果、似たような意見の人々が集まって世論の分極化（ポラリゼーション）が起きてしまうことです。グループごとに、テレビ局や新聞社の選択だけではなく、メディアのツールも違えば、地域、党派性、世代も違う。自分たちがほしい情報をほしいところに取りに行くという、そういう情報世界の分断が生じています。

メディア全体について言えば、ジャーナリズムが協力し合って、メディアや情報の質を高めるのは良いことだと思います。そして、若い人にはぜひ情報を多元的に得てほしいと思います。自分たちの好みに合った情報だけを取りに行くと、類似した情報やそれが色濃くなった極端な情報に囲まれてしまいます。そこに、フェイクニュースやデマなどを信じたくなってしまうといった問題も生じます。何か情報について判断する時には、真贋《しんがん》を確認することも含めて多元的に考えてほしいと思います。インターネットを見てもいいですが、情報の信頼性については常に注意を払ってほしい。新聞社が発表している情報のインターネット版は裏付けがきちんとあって信頼性が高いと思いますし、親や学校の先生、周りの人たちとも話してほしいです。自分たちが取りに行った情報だけで物事を判断しないでほしいとは思いますね。

竹中　それはいわゆるサイロ化です[*25]ね。メディアの問題も非常に大きいことがわかりました。

日本の民主主義をより機能させるために

竹中　ここまで色々な問題が議論されました。日本の民主主義を改善するためにはどうすれば良いのでしょうか。谷口先生からお願いします。

谷口　改善のためには、先ほど言った社会的趨勢《すうせい》をまず念頭に置くと良いと思っています。つまり、社会ではより直接性が高まる、スピード感が求められる、多元化が進む、といったことが考えられますが、そうすると今までになかった仕組みを作る・試す胆力《たんりょく》も必要になると思います。

国政では難しくても、地方政治では色々な実験が行われています。例えば、住民の意見を直接吸い上げるような仕組みをもっと増やすといったことです。今、地方議会議員はなり手不足ですし、投票率は国政よりも低く、国政以前に地方の民主主義が危機に瀕《ひん》しています。地方議会が本当に必要なのかという議論もあります。

しかし、地方レベルの民主主義は重要です。国政というものは国民が意見してもすぐに変化するものではないですが、自分が住んでいる基礎自治体の問題であれば、自分や仲間の意見やアイディアが生かされる可能性はより高いですよね。先ほど主権者教育が話題になりましたが、自分たちの地域の課題など「自分事」として感じられるようなトピックから話さないと、いきなり外交や国防について考えようと言われたら中高校生も困ってしまうと思います。

やはりまずは地域レベルから民主主義を強くしないといけないと思っています。そしてそこでは、色々な実験がなされて良いと思います。例えば、子どもや外国人、選挙権がない人は、選挙に参加できないから地域のあり方に意見を言えないとするのではなく、そういった人たちも含めた色々な意見を表出できる場があるといいと思います。

そして、今は社会的に様々なものがデジタル化している中で、政治や行政のデジタル化は遅すぎて、経済セクターから置いていかれています。オリンピックのオペレーションを人海戦術でできてしまうのは日本人のレベルが高いからですが、日本のシステム化のレベルは、新型コロナウイルス感染症のワクチン接種体制一つをとっても非常に低いことがわかると思います。日本は「システム」を信じないで「人力」を信じてきたわけですが、もはやそんなことをしている余裕はありません。今まで困難と思われた課題も対しても、特に地方から実験的に取り組むことができればと思います。

竹中　改善点について、斬新なアイディアを色々とご指摘くださいました。谷口先生は時代に敏感ですね。マッケルウェイン先生は改善点についてはいかが思われますか。

マッケルウェイン　私は選挙運営の制度的な話を2点挙げたいと思います。一つは、選挙運動規制の全面的な緩和です。公示・告示の前と後で何をやってもいいのか、やってはいけないのかを法律で分けている国[*26]はほとんどありません。もちろん、お金をいくら使ってもいいかといった政治資金の規正は、残すべき部分もあると思います。しかし、有権者と候補者もしくは政党が接触する機会をもっと増やすことが必要だと思います。

もう一つは、少し専門的な話になりますが、先ほど谷口先生がおっしゃっていたお話の中に、地方選挙や小選挙区をやるとなったら区割りを頻繁にやらないといけないから制度的に追いつかない、というお話がありました。これは、国政でももうすでに問題になっていることです。1票の格差は衆議院議員選挙では実質的には2倍未満に抑えることになっていますが、[*27]直す度に1・9、1・8くらいにするので、次の国政選挙の時にはすでに水準を超えているというサイクルになってしまっています。最近は、国政選挙の度に区割りが変わり、多い時は選挙区の3、4割が対象になる。その結果、同じ候補者の政策や能力を複数選挙を通して見比べる機会が少なくなっており、特に現職議員の政治的責任、アカウンタビリティを問うことが難しくなっています。1票の格差を是正するだけではなく、区割りをどのように決めるかというルール自体を根本的に変える必要があると思います。

竹中　その延長線として、「このままずっとやっていたら全部が東京になっちゃうぞ」という議論がありますよね。今後も都市への集中が続くのであれば、参議院を含めて何か考える必要があるかもしれません。高安先生は改善点についてはいかがですか。

高安　3点挙げたいと思います。1番目は政党です。政党政治を改善するには各政党が頑張るということが大きいと思いますが、政党を頑張らせるための制度をどう変えるかという観点からすると、政党間競争を支え、改善するための社会的な基盤が色々とあると思います。例えば、先ほどマッケルウェイン先生がおっしゃっていた、有権者との接触の機会を増やすこと。例えば、戸別訪問禁止[28]は現職が優位になっている状況を固定するものです。

また、先ほど選挙運動期間の話もありましたが、衆議院の場合は急な解散から投票までの日数[29]についても、２００９年は40日、２０１４年は23日といったように、その時々の政治的な文脈に影響されて大きく異なってしまっています。投票までの日数が短くなるのは問題です。有権者が情報を集め、選択肢を知り、判断をする時間は大切です。政治には違う道があり、違う担い手がいる。選択肢があることが有権者に提示されるような環境が必要だろうと思います。報道においても同様です。

また、政治資金については、現状ではいわゆるカード・ゲームの大貧民と同じで、一番先に上がった人が負けた人から次回の良い手をもらえる[30]という状況と同じになっています。勝ったところにより大きくお金を配るわけです。ですから、政党間競争を促進しているというよりは、むしろ勝者に肩入れするかたちになっています。反対に、本来はなくなってもおかしくない政党が生き残るための助けになっているということも有り得るのかもしれません。

制度を何か改めようとする時には、政党間競争を促進するのかどうかという観点で考えるべきです。一方、制度の改善を受けて政党が頑張るということについて言えば、改善すべき問題点として、リーダーの輩出と政策が挙げられると思います。本来は日本の民主主義の課題のセッションで申し上げるべきだったかもしれませんが、やはりリーダーの質が気になります。リーダーの質の話は、政治学ではメイン・ストリームとしては好まれないかもしれませんが、ファースト・プリンシプルで、つまり第一原理で問題に向き合うことができるリーダーを育て、選出する仕組みが不十分です。

竹中　第一原理とはなんですか？

高安　要するに、何が問題かを考える時に、これ以上さかのぼれないという原理にまで戻って、そこから問題について考えるという習慣が、基本的に日本の指導者にはないのだと思います。問題が発生すると、「対策は何だ」と言って、そもそも何がその問題を生じさせているのか、何が本質的な問題かをきちんと考えるトレーニングを受けていないわけです。これは政党の問題というよりもっと根深い問題なのかもしれませんが。いずれにせよ、私たちが選挙で本当の意味でみんなのために働くとか、問題を考え抜いて言葉にし意見をまとめたり、説得する力のある人たちを選んでいるとは必ずしも思えないのです。求められるリーダーというものは、バズるリーダーではなくて、きちんと思考できるリーダーです。思考して、意見を聞き、それを表現できる能力を持っている人です。そういうリーダーを政党には輩出してもらいたいです。

当然、第一原理から考えるならば、問題に合った政策を学んでいくといったように、色々な政策が登場し得ると思います。日本でも、海外から、あるいは自治体から自治体、国政へ、政策トランスファーは至るところで起きています。他の国や自治体で試みられる政策は参考になりますので、何が根源的な問題かをつきとめたうえで取り入れてほしいと思います。最近は少し停滞感がありますが、政策研究は非常に盛んになってきていますので、第一原理から考えられるリーダーがいれば政策の提示というのは色々とできるだろうと思います。

2番目は、ジャーナリズムです。ジャーナリズムは多様な情報、信頼性の高い情報を提供しています。私たちは既成メディアが抱える問題を自覚しつつも、ジャーナリズムが果たしている社会的価値をきちんと評価し、守らなくてはいけないと思います。既成メディアが威張ってきたことが問題なのかもしれませんが、もはや威張れる時代ではありません。これは会社単位ではなくジャーナリスト単位なのかもしれませんが、適切な情報を集めてきて、そして発信してくれている存在を私たちはタダでは享受できません。そのコストを認識し尊重することは決定的に大事ではないかと思います。

３番目は、今日の議論をそのまま申し上げることになりますが、色々な場面での参加と意見表明の経験は非常に大事ですので、その経験を子どもの時から持てるような社会であってほしいと思っています。

竹中　政党とリーダー、メディア、有効性感覚を持てるような教育経験・社会経験が大切だということですね。谷口先生に少しだけうかがいたいのですが、行政や地方議会でデジタル化するということは、民主主義を改善することとどのように関係しますか？

谷口　以前、インターネット選挙の実現可能性に関するシンポジウムを行い、政治学者だけでなく、企業の技術者の方にも登壇してもらったことがあります。政治学者はどうしてもインターネット選挙の課題を心配してしまうのですが、技術者や理系など他分野の人たちからは「どうして早くやらないの？　石橋を叩《たた》いて渡らないね」と言われました。現代において政治・行政制度を設計する際には、技術やシステムは何をどこまで可能にし、またどういう問題が残っているか、多様な分野と協働して検討する必要があると思います。

今は災害の頻発やコロナ禍もあって、地方では議会のデジタル化に関心が高まっており、インターネット環境の整備や議員へのタブレットなどの配布、デジタル化に際しての議員や事務局の体制の調査、オンラインでの委員会や議会の開催などが試みられています。ある種の「危機」を前向きに捉え、様々な実験を社会的にやらざるを得ないと思っています。

竹中　今の谷口先生のコメントは、先生の研究環境がかなり反映されているようで興味深いです。それでは、マッケルウェイン先生、供託金の問題はどうでしょうか。

マッケルウェイン　供託金は大きな問題だと思っています。多くの国では供託金を撤廃しています。私の出身国のアイルランドは、以前は5万円でしたが今はゼロです。

竹中　5万円というのはもともと低い金額ですね。日本は600万円ですから、どう考えても参入障壁としか思えません。

マッケルウェイン　本当にその通りだと思います。ペンシルバニア大学のダニエル・スミス先生と東北大学の原田勝孝先生[*31]の研究によると、供託金は泡沫《ほうまつ》候補の乱立をあまり抑止しないようなのですが、実際に供託金がなくなれば、新人候補へのハードルは低くなると思います。また、供託金が泡沫候補の乱立の抑止に影響があるかないかというのは一つの判断基準としてありますが、それとは別に、私は民主主義にそぐわないという点が供託金の問題だと思っています。供託金がないと泡沫候補者が乱立するのはわからなくはないですが、それよりも立候補できる人を制限しているほうが価値観的に問題だと私は思います。

竹中　では、最後に高安先生。先ほどのリーダーについてのお話ですが、「べき論」としては非常にわかりますが、もう少し具体的にお願いできますか。

高安　政治社会が政治エリートを輩出するメカニズムは国によってそれぞれ異なり、うまくいっている国もいない国もありますが、日本は政治エリートを輩出することに歴史的に必ずしも成功しているとは言い難い面があるように思います。特に選挙となると、選挙区で何となく勝てそうな人、資金を集められそうな人が候補者となってきましたけれども、そうではなくて、やはり送り出すべき人をきちんと選ぶ。最終的に代表を選ぶのは有権者ですが、その候補を選定するのは政党です。「政党にはそういう責任があるんだよ」というところに問題は戻ってくるという気がしています。

マッケルウェイン　役職についている日本の政治家について、「なぜこの人たちは偉いのか」ということを海外の人にうまく説明するのが難しいです。なぜあの政治家に忖度《そんたく》しているのか、なぜあの政治家は影響力を持っているのかについて、政策知識やコミュニケーション能力ではなく、人間関係や歴史的背景でしか説明できないことが多いです。高安先生がおっしゃっていたファースト・プリンシプルから問題を解決する能力を持っていない政治家を有権者が見た時に、なぜこの人たちに自分の生活が影響されているのか有権者はわからないでしょうし、私もわかりません。このような問題が、政治のトップの人材において見受けられると思います。

竹中　基本的に彼らが評価されているのは調整能力ではないでしょうか。こういうことを言うと日本を馬鹿にしていると批判されることもあるのですが、良くも悪くも我々の日本に対する期待が相当高いのかなという気もします。イギリスの名誉革命は1688～89年、フランス革命は1789年です。一方、日本人が国のレベルで議会を始めたのは、1889年に明治憲法が制定されてからですから、それを考えると日本は相当頑張っていると思います。もちろん改善を続けていくことは大事ですが。色々な課題はありますが、「頑張ってるなあ」と私なんかは思いますね。

高安　せっかくの機会ですから、こういう場面では、高めのボールを投げておきたいですね（笑）。

竹中　わかりました（笑）。皆様お忙しい中、本日は貴重なお時間をいただき、本当にありがとうございました。おかげさまで多くのことを学ぶことができました。

1 Muramatsu, Michio and Krauss, Ellis S., "The Conservative Policy Line and the Development of Patterned Pluralism," in Kozo Yamamura and Yasukichi Yasuba, eds., *The Political Economy of Japan, Vol. 1: The Domestic Transformation* (Stanford University Press, 1987), pp. 516-554.

2 Calder, Kent E., *Crisis and Compensation: Public Policy and Political Stability in Japan*. (Princeton University Press, 1988).
ケント・E・カルダー（著）、淑子・カルダー（訳）『自民党長期政権の研究：危機と補助金』（文芸春秋、１９８９年）

3 Okimoto, Daniel I., *Between MITI and the Market: Japanese Industrial Policy for High Technology* (Stanford University Press, 1989).

4 「高等学校等における政治的教養の教育と高等学校等の生徒による政治的活動等について」平成27年10月29日（27文科初第９３３号）

＊１　政党政治が育まれ、１９１８年には本格的な政党内閣が成立するという積み重ね

明治維新後、主に薩摩藩と長州藩出身の政治家が権力を独占する藩閥政治が長く続いたが、自由民権運動の発展や、吉野作造の民本主義・美濃部達吉の天皇機関説などの民主的な考え方が社会に流布するのに伴い、国民の意思を反映した政党による政治を求める声が高まった。米騒動により、長州閥の寺内正毅内閣が退陣すると、１９１８年に原敬内閣が成立。ほぼすべての閣僚が立憲政友会会員で構成される日本史上初の本格的な政党内閣となった。

＊２　1票の格差の問題

選挙区によって、議員1人に対する有権者数が異なり、有権者の1票の価値が不平等な状態になっていること。例えば、A選挙区には30万人、B選挙区には10万人の有権者がいて、議員定数がいずれも1だとすると、B選挙区の1票の価値はA選挙区の3倍になる。一般に、人口の少ない地方部のほうが、人口の多い都市部よりも、１票の価値が高くなる（1票が重くなる）。

＊３　統治機構

国を統治するための機関・組織・仕組み。

＊４　55年体制

１９５５年、左右に分裂していた日本社会党が統一された。この動きに触発され、緒方竹虎が率いる自由党と鳩山一郎が中心の日本民主党が合同し、自由民主党が結党される。これにより、保守勢力の自民党と革新勢力の社会党が対立する構造が成立。この政治体制を、成立した年から「55年体制」と呼ぶ。55年体制はその後、１９９３年の衆議院議員選挙で自民党が野党に転落するまで約40年間続いた。その間、自民党が長期政権を維持し、社会党は常に野党にとどまった。

＊5　ガブリエル・アーモンドやシドニー・ヴァーバ

ガブリエル・アーモンド（1911～2002年）とシドニー・ヴァーバ（1932～2019年）は、ともにアメリカの政治学者。共著『現代市民の政治文化』（勁草書房、1974年）で、各国の政治文化が未分化型、臣民型、参加型の三つに分類できることを提示した。

＊6　トリレンマ

三つの目標を同時に実現することができないこと。

＊7　シンガポール・モデル

権威主義的な政治体制と自由経済の組み合わせによる統治体制。民主主義が必要とする手間をかけずに済むため、効率良く経済力・国力の向上を追求できると主張されることもある。

＊8　土建国家

膨大な公費を、道路、鉄道、河川工事などの土木建築事業に投入している国のこと。こうした国に生じる構造的な問題——国会議員が地元に公共事業の予算を配分し、それによって地元の有権者の支持を得るといった問題——を含意することが多い。高度成長期の日本について使われることが多い。

＊9　イエスタ・エスピン－アンデルセン

デンマーク出身の社会政策学者。福祉国家について、自由主義型、保守主義型、社会民主主義型の３つの類型を提示した。著書に『福祉資本主義の３つの世界：比較福祉国家の理論と動態』（ミネルヴァ書房、２００１年）など。

＊10　日本型コーポラティズム

コーポラティズムは、政労使（政府・労働者・使用者）が協調することで持続的な経済成長を達成しようとする体制のこと。政労使の協調的協議体制。日本型コーポラティズムは、労働代表と政府の結びつきが弱い日本特有のあり方のこと。

＊11　普遍主義

同じ利益がすべての人に提供される社会保障の方式。これに対して、所得や世帯形態などの何らかの基準によって給付するかしないかが決まる形式を、選別主義と呼ぶ。

＊12　憲法…権力者側が自由解釈をする、あるいは変更する場面が色々と見られる

安倍内閣は２０１４年7月1日の臨時閣議で、憲法9条の解釈を変更し、集団的自衛権の行使を可能にする政府解釈を決定した。また２０１６年3月には、安保法制の施行について閣議決定をし、同法は同月施行された。

＊13　ＮＨＫ…経営委員会…国会に予算を承認してもらう必要があるといった問題

放送法に基づき、ＮＨＫの最高意志決定機関である経営委員は、衆参両議院の同意を得て、内閣総理大臣によって任命される。会長は経営委員会によって選出される。また、毎年度の予算や事業計画も国会の承認が必要である。

＊14　ポスト・デモクラシー

イギリスの経済社会学者コリン・クラウチは

『ポスト・デモクラシー』（青灯社、2007年）のなかで、西欧諸国における民主主義が、20世紀半ばをピークに逆行していると論じた。金融や貿易のグローバル化で企業の政治に対する影響力が大幅に高まり、政策が少数の政治家と企業によって事実上決められるようになった。主権者である大衆は政治から疎外され、そのことが政治的有効性感覚の低下、政治参加への関心の低下を招いている、と論じている。

＊15　T・J・ペンペル
アメリカの政治学者。専門は比較政治学、日本政治論。日本の自民党内の派閥、日本の高等教育政策の研究で知られる。著書に『日本の高等教育政策』（玉川大学出版部、2004年）など。

＊16　スティーブン・リード
アメリカ出身の政治学者。専門は比較政治学。特に選挙と選挙制度について研究している。著書に『選挙の基礎的研究』（共著、中央大学出版部、2009年）など。

＊17　サーベイ実験
実験的な手法を使う、世論調査の一種。正確な結果を得るために、回答者を無作為に複数の群に分けてそれぞれの群に異なる質問文や回答選択肢を提示するなどの、実験的な手法が用いられる。

＊18　ダニエル・M・スミス
アメリカの政治学者。専門は比較政治学、選挙制度、日本における有権者の行動など。著書に日本の世襲議員についての研究『*Dynasties and Democracy*（世襲権力と民主主義）』（Stanford

University Press、２０１８年）など。

＊19　河野勝
日本の政治学者。専門は日本政治、選挙研究、国際関係論。著書に『制度』（東京大学出版会、２００２年）など。

＊20　上神貴佳
日本の政治学者。専門は現代日本政治論、政治制度、政党研究。著書に『政党政治と不均一な選挙制度』（東京大学出版会、２０１３年）など。

＊21　建林正彦
日本の政治学者。専門は現代日本政治。著書に『政党政治の制度分析――マルチレベルの政治競争における政党組織』（千倉書房、２０１７年）など。

＊22　パリテ法
２０００年にフランスで制定された法律。選挙の候補者を男女同数とすることを定めている。

＊23　シルバー・デモクラシー
高齢化社会の進行と若者の投票率の低下により、高齢者向けの政策が優先される政治のこと。

＊24　フリーダム・ハウス
自由を守ることを目標に掲げて活動する、アメリカの国際ＮＧＯ。

＊25　サイロ化
農産物や家畜飼料を貯蔵するサイロが、それぞれ独立していて、周囲にある他のサイロと混ざり合わないことから、社会の特定のグループの人々や、組織内の特定の部門の人々が、他のグループの人々や他の部門の人々と連携を持た

ずに、自己完結し孤立してしまうこと（なおIT分野では、業務プロセス・業務アプリケーション・各種システムが連携されていない状態をさす）。

＊26　公示・告示の前と後で…法律で分けている

公職選挙法は、選挙運動と政治活動を明確に区別しており、選挙運動に関しては告示日に立候補の届出をしてから投票日の前日まで行うことができるとしている。

＊27　1票の格差は…2倍以内に抑えることになっていますが

1票の格差が最大2・13倍だった2014年の衆議院選挙を、最高裁が「違憲状態」と判断したことを受け、2022年11月に、衆院小選挙区の区割りを見直す改正公職選挙法が成立。140選挙区の区割りを変更し、格差が2倍未満になるように是正した。（一方、参議院選挙に関しては、2022年11月に仙台高裁が、最大格差が3・03倍だった同年7月の参院選について、「違憲」という判断を示している）

＊28　戸別訪問禁止

公職選挙法で、選挙期間の前か最中かにかかわらず、投票依頼を目的に個人の家や会社を訪ねることが禁じられている。

＊29　解散から投票までの日数

公職選挙法では、衆議院の解散から選挙までは40日以内と定められている。

＊30　カード・ゲームの大貧民…次回の良い手をもらえる

大貧民（大富豪と呼ばれることも）では、2

戦目以降は、直前のゲームで一番手で勝った「大富豪」と最下位の「大貧民」が手札２枚を交換してからゲームを開始する。大富豪は不要なカード２枚を、大貧民は最強のカード２枚を相手に渡す。

＊31　原田勝孝

日本の政治経済学者。専門は日米の地方政治、選挙研究、応用統計学。編著書に『ＳＳ概論――島根システム概論』（ハーベスト出版、２００１年）。訳書に『社会科学のためのデータ分析入門』上下巻（共訳、岩波書店、２０１８年）など。

第2章
統治機構

議論参加者

彦谷貴子

学習院大学国際センター教授。論文に“Japanese Diet and Defense Policy Making” (*International Affairs,* 2018, Oxford University Press)など

砂原庸介

神戸大学大学院法学研究科教授。著書に『分裂と統合の日本政治——統治機構改革と政党システムの変容』(千倉書房)など

竹中治堅（司会）

政策研究大学院大学教授。著書に『コロナ危機の政治——安倍政権vs.知事』(中公新書)など

待鳥聡史

京都大学大学院法学研究科教授。著書に『政治改革再考——変貌を遂げた国家の軌跡』(新潮社)など

日本の統治機構の現状

竹中　日本の統治機構の現状について議論したいと思います。1990年代以降、選挙制度改革をはじめ、政治資金制度改革、省庁再編、公務員制度改革などが行われてきました。一連の改革をどのように評価されているかについておうかがいできればと思います。2020年に『政治改革再考――変貌を遂げた国家の軌跡』（新潮社）という大著を出版された待鳥先生からお願いします。

待鳥　実際にはもう少し以前から取り組みが始まっていますが、1990年代から2000年代初頭まで様々な制度改革が行われてきました。私は総称としては「政治改革」のほうが相応《ふさわ》しいと考えてはいますが、「統治機構改革」という言い方でもおおむね適切で、政府あるいは公共部門のほぼ全領域で改革が行われました。選挙制度改革、行政改革――

それも省庁再編と内閣機能の強化という性質の異なる改革を二つ——を行い、地方分権改革、司法制度改革も行いました。こうして考えると、改革をしていない領域のほうが少ないです。それと並行して、特殊法人の改革、コーポレート・ガバナンスの改革なども行っていますので、相当色々な改革を行ってきたことになります。

評価できる点の一つに包括性《ほうかつ》があります。これだけすべてのことを改革することはなかなか大変です。それを成し遂げたことはまず評価に値します。ただ、具体的な改革の方向性については結構なばらつきがありました。特に、権力を集中させるか分散させるかが、領域ごとに異なっていました。その理由としては、1980年代までの政策決定のメカニズムやプロセスを前提にして考えているので、そこを起点にした改革にしないと皆賛成してくれなかったということがあります。「今このような問題があるから変えましょう」と言わないと多数派を作れないので、「現状に対する変革」という点では共通していても、方向性はばらばらになってしまったということです。[*1]

また、改革がなされなかった領域もありました。特に国会のプロセスはほぼ変わっていません。参議院をどうするか、二院制をどうするかということには、全く手が付けられませんでした。政治資金をめぐる改革にも不十分な点が残りました。もう一つ変わらなかったのは、地方自治体の内部の統治機構です。行われたのは文字通り行政改革でしかなく、地方公務員の数を減らしてアウトソーシングするといったことに主眼が置かれました。それも大事なことではありますが、地方自治体がどうやって意思決定をするかというメカニズムには手が付けられませんでした。地方の選挙制度、地方自治体の首長や議会がどのような権限や資源を持つかについての改革はなかったわけです。

つまり統治機構改革には、三つの大きな特徴――全体としての包括性、方向性のばらつき、変わらなかったことがある――があり、これらが全体としての噛み合わせの悪さを生み出したと言えます。大きく取り組んだという点は高く評価できますが、噛み合わせの悪さが残ってしまったことはもったいなかったと思います。それが、「エネルギーを使ったのに結果が出なかった」といった多くの人からの不信感につながってしまっている印象です。竹中先生が『コロナ危機の政治――安倍政権 vs. 知事』（中公新書）という優れたご著作を2020年に出版されましたが、新型コロナウイルス対応は、多岐にわたった政治改革の「答え合わせ」のようなところがあったと感じますし、そこには政治改革の噛み合わせの悪さが表れていたと思います。

竹中　90年代以降に進んできた制度改革について待鳥先生ほど包括的に俯瞰《ふかん》できる方はいらっしゃらないので、三つの特徴をまとめていただきありがとうございました。砂原先生はどのように思われますか。

砂原　制度が変わっても慣行は変わっていないというところに、統治機構を変える難しさがあると思います。2021年9月29日に行われた自民党総裁選挙は典型的な例でした。岸田文雄候補が執行部の任期について党改革案[*2]を出しましたが、あれはまさに慣行を強調するものだったと考えます。以前は総裁派閥と幹事長派閥は違う派閥であるべきだ、という自民党内の規範がありました。それに対して制度改革後、幹事長を総裁派閥から出したり、総裁が目をかけている人物を幹事長にしたりすると批判を受けました。典型的な例としては、小泉純一郎元総理が武部勤さんや安倍晋三さんを幹事長にした時にそういった批判が出ました。今考えると、小泉さんがやったことは、制度改革の主旨に沿った権力集中です。一方、従来の規範である総裁と幹事長の分離というのは、権力の分立を埋め込もうとする制度化されていない不文律だったわけです。岸田文雄候補は、特定の人が長い期間執行部にいることは望ましくない、と言いました。これは半分は二階俊博さんや麻生太郎さんに言っていたのだと思いますが、ある人たちに一定以上権力が集中することは望ましくないという権力分立的な考え方です。

統治機構改革の主旨はむしろ首相に権力を集中させることが重要で、同時にそれに対するカウンターパート、野党を強くしていくことが求められるわけですが、後者が十分に達成されていないために自民党一強に見えるのです。その状況を踏まえて、おそらく自民党内部で、野党ではなく自民党の中での権力分立をもう一度考えたい、ということが出てきたのではないかと2021年の自民党総裁選を見ながら感じました。

待鳥先生もしばしば批判されていますが、首相への権力集中を促す現行制度を前提に分析している側から見ると、メディアが政局報道をしてしまうことは、現行制度の主旨とルールをわかっていないように見えます。しかし、メディアの側からすると従来の慣行のほうが妥当に見える面があるわけです。つまり、野党が十分に強化されていないなかで自民党の総裁のみに権力が集中するのは好ましくない、という感覚があるのでしょう。そこで彼らが依拠できるのは野党を強くするという話ではなくて、従来の自民党の派閥間競争が比較的望ましい均衡状態を生み出すのではないかという考えで、それに基づいて政局報道をするのだと思います。

この10年間は、制度改革の主旨や理念が必ずしも関係者すべてに共有されないままに、変わった制度をいかに利用し、党派的なものも含めて自分たちがいかに生き残っていくか、そしてそのなかでどのようなバランスを探るか、というように同床異夢《どうしょういむ》で統治機構を使ってきた10年間だったと思います。特に2012年の第二次安倍政権以降のこの10年間、野党と健全な競争をしていない状況で、ある種の制度の読み替えのようなことを自民党内部でやってきてしまっているのではないかと思います。統治機構改革が始まった90年代を起点とするこの30年間というタームで見ると望ましくない動きに見えますが、この10年間で見るとそれが妥当だと考える人たちがいるわけです。個人的には30年間のほうを重視すべきだと思いますが、この10年間に起きている課題にどう応えるかというのが現在の課題になっています。私などは、この30年間の課題が未完だから現在の問題があるという言い方をしていますが、これが強い説得力を持って受け入れられているかというと必ずしもそうではなく、30年間のなかに10年間があるのだから10年間については別の解決方法があるのだ、と考える人たちが多いのだと思います。最近の自民党の一党優位を背景に、そういった感覚が強まっているのではないかと理解しています。

統治機構改革が成功だったのか失敗だったのかはなかなか難しいところです。ただ、統治機構改革によって生み出された状況をさらに変えようとする時に、現状ではこれまでの統治機構改革のロジックが十分な説得力を持ち得ていないと理解しています。

待鳥　現在の政治をめぐる議論から受ける印象として、この10年間で結局元に戻ったのだから、改革前の元のルールで解釈しようといった動きが明らかに起こっているように思います。特にメディアは世代交代しますから、10年前のことを知らない人たち、民主党政権の時は高校生だった人たちが官邸番や野党番をしている可能性も十分にあります。そうすると、政権をとる野党がどういう姿勢になるのか、イメージを持っていない。だから「憲法に基づいて国会を開け」という野党の主張を聞いて、それが野党の政策能力や政権運営能力への有権者の評価を高めることにどうつながるのか、あるいはそういう主張が野党の中長期的な戦略とどう結びつくのかを吟味《ぎんみ》することなく、政権与党に対する一時的な批判に過ぎないものを「良いことを言っている！」と受け取ってしまう。そういう傾向は明らかにありますね。

竹中　最近自民党内では、自民党の中で疑似政権交代していくしかないという議論が真剣に強まっていると聞いたことがあります。次に彦谷先生、統治機構改革についてご評価やお気づきの点などご指摘いただけたらと思います。

彦谷　2021年までの5年間、アメリカのコロンビア大学で、日本政治を教えてきました。海外で教えるにあたって、日本は自民党政権が長く続くこと、政権交代が少ないことについて批判的見方をする学生が多いかなと思っていたのですが、むしろ、首相が頻繁に交代していたこと、またそれを国民が受容していたことに関心があったようです。そういう意味では、安倍政権が長期間続いたことには前向きな評価が多く、それが永続的な傾向となりそうかどうかについて、議論を交わしました。また、これは後ほど出てくる話かと思いますが、非常にわかりにくい選挙制度についても学生は興味を持ったようです。なぜ現状の制度になっているかという理念が見えない、説明しにくいことも、日本の民主主義を理解する上で問題なのではないかと改めて考えさせられました。

ここ30年間、そして10年間の改革については、1999年から2016年まで防衛大学校で教えた経験からは、安全保障分野での統治機構改革は制度的にも規範的にも大きな変化が「遅れてやってきた」分野だと感じています。2001年の省庁再編の時、他の省庁が一新されるなか、防衛庁は防衛省にはなりませんでしたが（防衛庁の防衛省への昇格は2007年）、いわゆる首相支配が固まってきて一気に防衛関係のことが進んだ印象があります。特に制度面で2013年に国家安全保障会議（NSC）[*3]ができたことは、防衛省の役割の変化とも関係していますし、首相との近さという面でも、制度的な面でも担保されました。また、規範面では、かつては自衛官が国会や官邸に入ることはありませんでした。船橋洋一さんの有名な著書、『同盟漂流』（岩波書店）のなかに、当時の西元徹也統合幕僚会議議長と福地建夫海上幕僚長が橋本龍太郎首相に招かれて官邸に行った際、初めて事務方の立ち合いなしで総理執務室に入ったことに感動して涙ながらに一緒にお酒を飲んだ、といったエピソードがあります。今ではそんなことは考えられないくらいに自衛官も官邸、国家安全保障局（NSS）[*4]で勤務しており、制度的な面も規範も変わったというのが現状だと思います。

変わらなかった面としては国会の役割が挙げられます。安全保障、危機管理の分野については、この10年間の改革を通じて、官邸に権限が集中し、意思決定も迅速になりました。しかし、国会についてはそこまで徹底しておらず、むしろ昔に戻った面があるのではと思います。それは与野党間の関係、政策的距離の問題でもあるのですが、安保分野において特に顕著だと思います。例えば2021年のアフガニスタンの退避作戦の際、自衛隊派遣を行う際にはどれくらいのリスクを許容するのかなどの現実的な議論が国会で行われませんでした。このことは、仕組みとしてはかつてより迅速な派遣が可能になったけれども、政治的、実質的には難しさが残ったことを表しているのではないかと思います。

竹中　選挙制度改革や省庁再編、地方分権改革、司法制度改革などはこれまで議論されてきましたが、自衛官が官邸に入るようになったというような話は、制度改革の文脈ではそれほど議論されていないと思いますので、もう少しおうかがいしたいです。それはいつ頃から変わってきたのでしょうか？　ＮＳＣができたことが大きいのか、制度的なものなのか、それとも自衛隊を海外に送るようになってきたことで規範が変わってきたのか。あるいは防衛庁を防衛省に昇格させたことも関係があるのでしょうか。

彦谷　防衛庁から防衛省へは気づかない間に変わったという印象がある方も多いのではないかと思います。中央省庁改革が議論された２０００年頃は、防衛庁の省昇格は見送りになりましたが、２００７年にはそれほど議論とならないまま省昇格が実現しました。一方、２００７年の福田康夫内閣では見送りとなったＮＳＣの創設は、民主党政権下でも議論されたものの実現せず、２０１３年の第二次安倍内閣で実現しました。平和安保法制*5をめぐる議論に注目が集まったことから、ＮＳＣの仕組み、プロセスや、それをサポートするＮＳＳをどうスタッフィングするかについては、比較的目立たないまま行われた重要な改革といえます。細かい話になりますが、首相動静欄を見ても、定例的に行われる四大臣会合などで首相にブリーフィングする人のなかにより多くの自衛官が入っています。これは先ほど述べた規範の変化とも関連しますが、ＮＳＳができて、四大臣会合や九大臣会合というプロセスが決まったなかで進んだ面です。一方で、国会のほうは変わっていないという噛み合わせの悪さについては、もう少しきちんと考えるべきだと思っているところです。

竹中　ありがとうございました。「こういう変化があった」という指摘は時々ありますが、体系的にどのような変化があったかについてはおそらく分析がなされていないと思いますので、先ほど待鳥先生がおっしゃったようにそれだけ包括的な改革だったという話につながるのだと思いました。

　待鳥先生におうかがいします。なぜここまで包括的に改革できたのでしょうか。先生もご著書で言及されていますが、中央銀行も変革し、司法制度も変える、というようになぜここまで幅広い改革ができたのでしょうか。

待鳥　まず一つには、色々な意味で1980年代に対する自己認識があると思います。80年代の日本は、大きなサクセスストーリーの頂点でした。今から考えれば、明治からの「追いつき型近代化」というサクセスストーリーの最終幕だったわけですが、その当時はすごく自信があって、特に戦後の社会経済をうまくやれてきたのだから政治も変えられるはずだ、という認識がありました。新しい課題に対する自己改革能力を信じることができたのでしょうし、試行錯誤を許容する余裕もあったのでしょう。今だったら、やろうと言っても全体に自信がないからできませんよね。

その時の指導理念として、著書の中では「近代主義右派」[*6]という言葉を使いました。日本の社会をもっと合理的、近代的で、やや古い言い方をすると西欧的あるいは西洋的にしないといけないという発想法は、戦後だけではなく明治からずっとありましたが、それを体制内改革のロジックで使うという考え方は多数派にはなりませんでした。それが80年代に初めて、多数派を説得するロジックとして力を持ったのだと思います。一つの理念を共有し、しかもそれが経験や自信に裏打ちされていたために非常に強力な推進力になったわけです。90年代における、例えば経済界の人たちが何かを言い出した時の威信の高さは今の比ではありませんでした。今は何かを言うとすぐに、「自己利益のために言っているんだろう」と、公益の名で私益を追求していると言われてしまいます。それにはインターネットの影響もあると思いますが。あの時代は、成功した経済人が政治行政に不満を持つことは当然で、私益もあるかもしれないが、おおむね公益のためだという評価が一般的でした。

マスメディアについても同じことが言えるかもしれません。今はマスメディアが何かを言うと常にポジショントークだと言われますが、あの時代も今と変わらないくらいポジショントークをしていたにもかかわらず、その印象は薄かったと思います。それを支えていたのは成功体験による自信と、体制内改革のロジック、そして理念が共有されていることで生み出される推進力だったのでしょう。

竹中　成功体験があったから推進力が生まれたということでしょうか？

待鳥　そうです。「経済一流、政治三流」という言葉がありました。一連の改革については、官僚側から見るとある意味で「もらい事故」的な面があります。初めに政治が良くないという話があり、政治を集権化すると行政はどうするのか、という話が当然出てきます。それに加えて、90年代に入ると行政の問題が噴出したので、行政も変えないといけないという話になりました。

彦谷先生のお話との関係で言うと、その過程は現場を持っている省庁にとっては自律を失っていくプロセスなわけです。防衛庁、防衛省の問題にしても、官邸と直結するということは、伝統的な国防関係の領域が持つ自律性が弱くなって、全部が官邸に集約されることと表裏一体です。

同じようなことはあちこちで起こっていて、私たちの仕事に関係が深い文教行政も大幅に自律性が低下し、地方では首長が出てくるし、全国レベルでは官邸や他省庁が出てくるといったことが起こりました。この点は教育学者の青木栄一先生が『文部科学省』（中公新書）で鮮やかに示しておられますね。学術会議の問題[*7]も、文教行政が自律性を失った時代らしい話だと私には思えます。

新型コロナウイルス対応における厚生労働省の対応とその帰結も、同じ文脈で理解可能です。パンデミックになってまず明らかになったのが、医療・公衆衛生行政にはかつてよく見られた閉鎖的な政策決定空間の特徴が強く残存していて、民間病院や医師会との協力が不可欠だという認識がすべての判断において優先され、結果的に政府が利害当事者であるアクターの「虜《とりこ》」になって振り回されがちなことでした。感染症専門家のみが「専門家」の地位を独占し、社会・教育・経済などの専門家の見解を「素人考え」のように見なす態度も、その閉鎖性の表れだったように思います。そのことによって、日本の対応は多くの局面で周回遅れ、かつ高コストになってしまいました。

結果として、自律性の高い閉鎖的な場での政策決定に委《ゆだ》ねすぎることの弊害が多くの人に認識され、菅政権以降は官邸の関与など、中央政府内部での政策決定空間の開放化と集権化が短時間で進行しました。もちろん、感染症や医療の専門的知見も活用されるべきなので、開放化が進みすぎることの危険性もあるはずなのですが、学術会議の件と同じように、よほどの説得力がないと自律性の維持は困難であることを、改めて示す結果になったのだと思います。具体的な政策領域や行政分野の話は、全体像とのリンクの中で捉《とら》えられ、そこで説得力を持たないと受け入れられなくなったわけです。

竹中　砂原先生は先ほど、制度改革の理念が共有されないままに日本は進んできたとご指摘されました。なぜ理念が共有されないままのか、少し詳しくお話をいただけますか。

砂原　待鳥先生がおっしゃっていることは本当にその通りだと思いますし、それについては先ほども申し上げた慣行の強さを考える必要があると思います。

この30年間で改めてわかったことは、一言で言うと、終身雇用の圧倒的な強さです。要するに、80年代後半までに、終身雇用で年功序列といった日本型経営が完成されました。待鳥先生が「近代主義右派」に主導されたとする改革では、流動的かつ自律的な個人を強く想定しています。ちゃんと自分で選べるし、何かあったら転職もするし、サービス残業を1日10時間なんてことはしない、そんな働き方からは撤退します、というのが近代主義右派の人間像であり、おそらく改革を主導した方々は選挙制度改革とともに自律的な個人像が支配的になっていくと考えていたと思います。

しかしこの30年間で、終身雇用のような組織への粘着性が圧倒的に強いことが改めてわかったと思います。今回の討論について事前にお話があった時、日本の統治機構の一つの特徴は汚職の少なさだと私はお答えしました。でもその汚職の少なさがモラルだけによるものかと聞かれるとかなり怪しくて、実際は終身雇用の恩恵が非常に大きいために、汚職をすることの費用がすごく高いからだと思います。最近の地方自治体を見ていても汚職問題が出てきますが、どのような人が汚職をしているかというと、非正規の人や比較的短い期間で辞めている人がしているケースが少なくありません。もちろん若い人や長年会計番をしている人が汚職をするケースもないわけではありませんが、長期雇用の人は汚職などの問題を起こしたら人生にとって重要な職を失うという恐怖感が非常に強く、そこにかなり拘束されているところが大きいと思います。

30年前の政治改革は、改革によって現実を変えていくという発想があり、究極的には終身雇用のようなものも含めて「変わるんだ」という、ある意味すごく明るい未来が想定されていました。その後は、経済の低迷もあって制度が現実を変えるというよりも、現実によって色々なものが変わっていきました。逆に言えば、現実が変わらなければ何も変わらないということが起きていたと理解しています。先ほど彦谷先生が官邸に自衛官が入ってきた話をされていて、そういったところにも表れていると思いますが、外部の環境変化があって、新しい試みをしようとした時に、何かの理念に基づいて関係者を説得し、新しいルールを作ろうとはならず、何か衝突や緊張を作り出してまず状況のほうを動かし、それを何となくなあなあで無理やりにでも現実として受け入れてしまう。そしてそれを追認するかたちでルールを変えるわけです。結局、現実のほうが変わらなければ、制度がついてこないわけです。

それが非常に問題になっているのがデジタル化の話です。デジタル化というのは業務改革も含めて、例えば文書をどうやって管理するか、どこまで公開するか、何を秘密にするか、といった極めて重要な話ですが、ご記憶のとおり２０１３年の特定秘密保護法の時はそうした話にはまったくならなかったですよね。「今、現実としてこれを秘密にしているから、これを秘密にします」というようなロジックとも言えない説明でした。結局、デジタル化が現実を置き換えるのではなく、現実のほうを何となくデジタルに置き換えていくということです。紙をなくすことは個人的には良いことだと思いますが、実際の業務をまったく変えずに紙だけなくすというのが、政治や行政の現場でのデジタル化になっていくのです。

この10年間、こうしたタイプのデジタル化がＩＴ総合戦略本部などを中心に進められています。それも大変な努力ではありますが、彼らはもともと中央府省で働いているわけで、文書管理のあり方や業務量を包括的に変えるという発想にはどうしてもならず、現状の業務をデジタルに少しずつ置き換えるということをしています。ですから、非常に非効率な部分をたくさん残しながらデジタル化を行っているわけです。おそらくこうしたことが背景にあるので、デジタル庁が何をするのか皆がわかっていないのだと思います。例えば今はＧＡＦＡなどプラットフォームによる情報利用が大きな問題としてあります。企業がどのように情報を収集し、どこまで利用していいかについて政府は関心を持つべきだという議論がある一方で、デジタル庁でやるべきだとされていることはシステムの内製化などで、今までのシステムをいかにちょっと進歩したデジタルに置き換えるかという世界の話をしがちになっています。おそらくこれは、現実あるいは慣行があまりにも強すぎることの表れであり、その背景には終身雇用を中心とした働き方があるのではないか、というのが最近私の考えていることです。

竹中　終身雇用があるから現実優先型の改革になるということでしょうか？　これまでずっと働いてきた人たちが残っているから、改革しようとしても現状延長型の改革になるということですか？

砂原　もちろん若い人たちの中には自分のスキルをもって転職できる人もいますし、それこそデジタルの世界では多いわけですが、ほとんどの人にとっては転職することが必ずしも給料アップを意味しません。特にある程度勤続年数が長い公務員にとって転職は極めてリスクが高く、一度なった公務員を辞めるインセンティブはなかなかありません。そうした状況でやり続けないといけないということが、大きな問題を作っているのではないかと思っています。

竹中　ありがとうございます。アメリカでずっと教えていらっしゃった彦谷先生におうかがいします。アメリカは上から下まで制度が統一されていますよね。日本は、上（国政）は議院内閣制で、下（地方政治）は大統領制のようなかたちがとられています。首相が決めないと「決められない政治だ」と国民は文句を言いますが、権力を集中させて地方分権に手を出そうとすると、今度は「地方分権は民主主義の根幹だ」と言われてしまう。砂原先生が提起された問題でもありますが、なぜ日本は国のあり方に対してばらばらで、統一原理で推していこうという考えが見られないのでしょうか。

彦谷　ちょっと矛盾しているように聞こえるかもしれませんが、アメリカは上から下まで統一原理があるというよりも、意図的に中央と州とで統一していないところが統一原理としてあり、その強みと弱みの両方がアメリカにはあると思います。新型コロナウイルスによって、ケーススタディのように強みと弱みが出てきたことが非常に興味深いと感じました。アメリカでは、何が連邦で決めることで何が州で決めることなのかについては、ある程度の共通認識があります。日本の場合はどこまでが中央で決めることで、どこまでが地方で決めることなのか、どちらに責任があるのかわからないまま「どうして誰も決めないの？」と押し付け合っていますが、アメリカの場合はどのようなルールかわかった上で押し付け合いのゲームをしています。

竹中　日本は地方分権が大事だと言っていますが、コロナ危機においては国民の多くの非難が当時の菅義偉《すがよしひで》首相に向かい、「病院を用意しろ」「なぜ検査をしないのか」といった批判が起きました。ほとんどの権限は都道府県が持っているにもかかわらず、小池百合子都知事はあまり評価の対象になりませんでした。もちろん、保健所についてはさらに複雑な仕組みになっています。日本は、国民の間で実は中央と地方の間の権限配分についてコンセンサスがあまりないのかもしれないという気がしています。彦谷先生はコロナ禍のアメリカで暮らしていらっしゃいましたが、ニューヨークに住んでいる人のコンセンサスとして、「これは州知事の権限だ」という期待値や認識のもとでアメリカ人は行動していたのでしょうか。

彦谷　新型コロナウイルスのケースで特異だったと感じるのは、当時の大統領がドナルド・トランプ氏だったということです。「ブリーチ（漂白剤）を飲んだら治るかもしれない」などといきなり言ってしまう人でしたから。連邦政府レベル、大統領レベルからのメッセージは完全にずれていましたが、仮に違う人が大統領だったら、中央からのメッセージと地方からのメッセージとのズレを制度の問題として意識したかと思います。もちろん、連邦レベルではアンソニー・ファウチ米国立アレルギー・感染症研究所（NIAID）所長が代わりに発信していたとも言えますし、ワクチン開発など連邦レベルで動かしていた面もあるのですが、日々の生活で連邦政府レベルからの発信を意識する機会はあまりありませんでした。

アメリカは良くも悪くも州ごとにやり方が全く異なります。例えば、感染が急拡大していた時期に、私は毎日テレビでニューヨーク州とニュージャージー州とコネチカット州の知事の会見を比較しながら見ていたのですが、隣接する州であっても、行っている対策も州知事からのメッセージングも違いました。誰が正しい対応をしていたかは、その時点では判断しかねたのですが、それぞれの州、州知事それぞれができる範囲で対応していたと感じました。もちろんウイルスは州の境を越えてしまうわけで、州ごとに別々の感染対策を行うことは難しいので、州をまたぐ移動を車のナンバープレートで管理して、ウイルスの流入を防ごうとする動きさえ見られましたが、それには限界がありました。ふりかえれば、当初から連邦政府で対応したほうが良かったと思われる面も多々ありますが、当時はトランプ氏が大統領であったという属人的な側面が大きく、州と連邦との関係という争点にはなりにくかったのかもしれません。さらに、ワクチン接種が始まってからは、党派的な相違が顕著になります。州ごとの対応の違いとして顕在化するのは、州の権限が大きいからでもありますが、そもそも党派性の問題でもあり、制度か党派性か、どちらかが理由とは言い切れないように思います。

新型コロナウイルス対応に見る地方分権

竹中　ありがとうございます。次に、地方分権と新型コロナウイルスの話をしたいと思います。待鳥先生は先ほど、「政治改革の「答え合わせ」のようなところがあった」とおっしゃいました（113頁参照）。中央レベルでは中央の中で凝集性を高める方向の改革に振り切りましたが、同時に地方分権も進めて機関委任事務も廃止しました（54〜55頁・表1－3の「地方分権改革」の項目を参照）。なぜこのような方向にいったのでしょうか。

待鳥　方向がばらばらになった理由は割とはっきりしています。80年代以前のあり方に対する関係者の認識は、中央集権に過ぎるというものでした。中央集権に過ぎるから地方分権にしようと、長らく主張していた人たちがいたわけです。彼らがもともとあたためてきた地方分権論に、先ほど砂原先生がおっしゃった、自律性のある人が出てくることを想定すると地方分権が良い、という話が合流したのだと思います。

やや図式的な言い方をすると、日本は、制度はばらばらですが、社会や慣習、慣行は割と同質的であることを前提にしています。アメリカは、社会や個々人の慣行にはばらつきが大きいため、制度にはある程度の統一性を与えておこうという発想であり、日本と組み合わせが逆なわけです。日本は制度をばらばらにしても、皆が同じようなことを考えているから何とか回るだろう、という発想です。なぜ同じようなことを考えているかというと、明治以降の国民国家形成の成功や、強烈な資源制約の意識が背景にあるのでしょう。同じようなことを皆が考えているから、権限や資源がどこにあろうが、結局はどこかから持ってきて皆で何とかする、というやり方でやってきたということです。行政組織や企業組織の大部屋主義も似た発想ですね。

新型コロナウイルス対応でわかったことは、この30年くらいの間に、皆が同じような考え方をしているという前提がだいぶ崩れてきていることです。先ほど砂原先生が終身雇用によってなかなか変わらないという粘着性についてお話され、私もその通りだとは思うのですが、それでもだいぶ崩れてばらばらになってきており、田舎の人と都会の人、高齢者と若者では全然違うことを考えるようになっている。高齢化や非正規化によって、終身雇用の枠組《わくぐ》みに乗っていない人が増えていることもあるのでしょう。そうすると、制度がばらばらであること、しかも90年代の改革でその程度が高まったことが強くきいてくるわけです。私が新型コロナウイルス対応は答え合わせになったと言ったのは、非制度的なところで個々人が同じ方向を向いていたからできてきたことが、ばらばらになってできなくなってきていることがわかったという意味です。そうなると、制度がばらばらであることを直視しないといけない、ばらばらの改革だったことをもう一度正面から見ないといけないと思います。

先ほどの彦谷先生の話をやや敷衍《ふえん》すると、アメリカの場合、普段はばらばらなのですが、新型コロナウイルスのように皆が同じようなことを考え出すと、制度原理として設計主義的な統一性を持っている部分が生きてくるのです。ワクチン接種メカニズムを短期間で作って一気にできたのは、そういった背景があります。逆に、皆が違うと考え始めると一気にまた崩れて、今度はワクチンを打たない人がたくさん出てきたり、どこかですぐ止まってしまったりといったことが起きます。非常に図式的ではありますが、少なくとも日米を比べた場合、こうしたことが起こっていると私は見ています。

竹中　地方分権改革の評価について、砂原先生はいかがでしょうか。先生はアジア・パシフィック・イニシアティブ（ＡＰＩ）による新型コロナウイルス対応についての検証*8にも参加されていますね。新型コロナウイルスに関しては、あまりに中央に権限がないままに突き進んだので、色々な混乱が生まれてしまったのだと私は思っています。都道府県に住んでいる人が「地方でちゃんとやるんだ」という覚悟をもって、知事が何をやっているかをしっかりとモニタリングをするくらいの覚悟があれば、もっと別の展開もあったかもしれないとは思います。しかし、国民の関心は国に向かってしまったので、自分たちの都道府県で何が行われているかについては注目しない状況になってしまったのだと思います。

砂原　新型コロナウイルス対応については、もちろん地方が一生懸命やらなかったわけではありません。国から見れば、「地方が協力しないからできない」。しかし、地方から見れば「国がもっと色々できるはずだ」と見えたわけです。こうした状況になってしまうと、地方に限って新型コロナウイルス対応を評価するのはなかなか難しいです。

先ほど待鳥先生がおっしゃった話と近いことですが、地方分権をすることでユニットが小さくなるということが一つの期待としてあったと思います。まさに近代主義右派的な統治機構改革の主旨に沿って議論するとすれば、地方分権によって重要になるのは、それぞれの地方政府のなかで具体的な業務を担当するユニットになるはずでした。非常に楽観的だとは思いますが、保健だったら保健、水道だったら水道というユニットが重要になるというのが、近代主義右派のビジョンだったと思います。しかし、地方分権改革を経て何が起こったかというと、今言ったような部局ごとへの分権はほとんど起きていません。なるべく地方政府の中の事業部局のようなところに分権し、そこのマネージャーが自分たちの権限と資源をもって専門家として意思決定をしていくというのが欧米的な地方分権のイメージで、ニュー・パブリック・マネジメント後[*9]の地方分権のイメージはそういうものです。そこで重要になるのは、知事よりも各事業部局のプロフェッショナルなマネージャーであり、必要なスキルを管理できる人たちです。ところが実際は、ここは先ほどの終身雇用の話と近い話でもありますが、個々のユニットで行われている職、あるいはスキルを共有する集団に対する忠誠心はほとんど涵養《かんよう》されていません。何があるかと言ったら、個々の職ではなく、自分が帰属する地方自治体そのものに対する帰属意識です。例えば保健所の人たちも彼らは彼らで頑張っているわけですが、保健所の業務に対する忠誠心よりも、その市、区に対する忠誠心がまず出てくるということです。

もう一つ言うと、地方レベルでは知事部局や市長部局への集権化が起きています。ミニ中央政府のようなことをしているところがあり、地方の首長が自分がやりたいことをできるような知事部局、市長部局の強化をしようとしています。各事業部局への分権は、やろうとした自治体もありましたが全然進みませんでした。その背景には、終身雇用や組織自体に対するコミットメントがもちろんありますが、日本の地方政府の大統領制のような執政制度と、中選挙区制というか単記非移譲式投票（ＳＮＴＶ）[*10]で議員が選ばれる議会、つまり長が極めて強い求心力を持ち、議員には求心力がなく長に働きかけをするしかないというタイプの組織があります。長という「極」に権力がかなり集中してしまうのです。

また、他の地方政府との協働や連携関係はなかなかうまくいきません。議員レベルでは非常に個別的であるため、政党としてまとまって地方政府の領域という空間を超えることもできませんし、長は長で自分たちの功績を主張しないとならないので、他の長を信頼して何かを任せるといったことがなかなかできません。そうすると各事業部局、例えば水道の専門家が隣の水道の専門家と一緒に協議しよう、そこで連帯を作り出そう、ということにはならないわけです。地方分権についてはそこの部分がうまくいかず、今回の新型コロナウイルス対応で表に出る知事や市長が非常に強く見えてしまいました。また、地方レベルの専門家が専門家として機能していないように見える原因は、先ほど待鳥先生がおっしゃった地方レベル側での統治機構の変わらなさにあり、それが慣行を強めているのではないかと考えています。

竹中 おっしゃっていることを確認すると、分権した先の自治体の中で集権化が進んでいるということですね。そうすると、知事が強くなっているから、中央に対抗する力として都道府県の凝集力が高まっているということですか?

砂原 そうです。アジア・パシフィック・イニシアティブ(API)での研究(『新型コロナ対応・民間臨時調査会 調査・検証報告書』(ディスカヴァー・トゥエンティワン))で私が注目したのは、まさに知事と中央政府の競争です。特にあの時は、東京では都知事選挙があり、大阪でも住民投票がありました。APIの報告書に書いたのは、お互いに競争相手になってしまい、自分たちのほうがより強い政策ができるというような「競《せ》り上げ」が起こったということです。あっちがロックダウンと言ったらこっちはもっと強い政策をやらないといけない、あっちが経済活動を戻すと言ったらこっちは明日から戻す、といったことが起きました。それは、結局知事や市長が中央政府を競争相手として見てしまっていたからです。中央政府に強い反応を示せば自分たちに求心力がくる、そして他の自治体との競争関係のなかでも意味を持つ、というかたちになっていたと思います。

竹中　地方は直接選挙制だからそのようなことが起きるのでしょうね。彦谷先生は、中央の集権化と地方のばらばら感、そして知事が力を持って競争することについてどのようにご覧になっていますか？

彦谷　ちょっと違う視点からですが、日本の地方政治の仕組みをアメリカで講義した際、なぜユニット（都道府県）が47もあるのかということが一つの論点になりました。地方分権を進めるにはあまりにもユニットが小さかったのではないか、というのが学生たちの視点でした。そこで、道州制の議論がかつてあったことを説明しました。

竹中　それはおっしゃる通りで、道州制という議論もありましたが、47都道府県体制については改革していないですね。そういう意味では、先ほど砂原先生がおっしゃった現状の中で改革を進めていくという話になるのかと思います。明治政府ができた後、相当都道府県をいじりました。しかし、明治21年（1888年）ごろ、現在の地域割がほぼ固まります。昭和22年（1947年）に施行された地方自治法の3条1項の趣旨は都道府県は現行制度を維持するということで、見直す機運はありません。

砂原　私は今そういう研究をしているのですが、ユニットを大きくすることで解決するという方法は、先進国の、特に市町村レベルでは時代遅れになっています。ただ、彦谷先生がおっしゃっていた道州レベルではあり得る話で、フランスやイタリアなどでは確かに導入されています。しかし、大都市や市町村レベルで行っているのは、自治体間の連携が中心で、個別的に一定の責任を持ったユニットを作って複数の自治体が連携していくという方法が非常に多いです。例えば、一般的な水道事業や交通事業であれば会社を作ることもありますし、日本で言うところの一部《いちぶ》事務組合（複数の地方自治体が、その行政サービスの一部を共同で行うことを目的として設置する行政機関）のようなものを作ることもあります。日本では、そういったかたちのユニットの形成をあまり進めていなくて、よく「フルセット主義」と言われますが、それぞれの自治体が自分のところで全部やらないといけないとされます。その感覚が非常に強いために、なかなか他の自治体と協力できないのです。協力すると自分が裏切られてしまうのではないか、自分が損してしまうのではないか、というように思ってしまうわけです。

海外ではどうやって連携しているかというと、政党がつなげることももちろんありますし、先ほどお話しした仕事ベースの専門性、例えば水道事業であれば水道事業をやる人たちが集まってくるといった解決方法が考えられます。それに対して日本では、自治体を合併させて、連携の必要があるものを全部中に取り込んでしまえ、という議論が出てきます。しかし、制度改革が議論される道州レベルはともかく、もっと基礎的なレベルでユニットを一緒にして大きくしていこう、というのはこれ以上は難しい。また、彦谷先生がおっしゃったような道州レベルについては、経済開発については新しく道州レベルの地方政府を作ってその部分は責任をもってやってください、という話はありますが、簡単ではないのが現状だと思います。

政党制と選挙制度改革

竹中　ありがとうございます。次に、政党制について議論したいと思います。中央集権によって首相に権力を集中させて、その代わりに野党がそれをチェックする、という方向性が望ましいと待鳥先生もずっとおっしゃっていますね。それは政治改革をデザインした多くの人たちが想定していたことだと思います。しかし、現状はそうなっていません。民由合併（民主党と自由党の合併）した2003年から民主党がばらばらになる2014年くらいまで二大政党制が続いていたと思いますが、1994年から2024年までの期間で考えると野党がばらばらな時期のほうが長いという状況になっています。砂原先生は『分裂と統合の日本政治』（千倉書房）というご本も出版されていますが、どうしてこのような状況になっているとお考えでしょうか。そもそも衆議院で比例代表制も取り入れた時点で、この帰結は目に見えていたのでしょうか？

砂原　もちろんそれだけではないと思いますが、例えば並立制ではなく併用制[11]にしていたらまったく違う話になっていたと思います。ただ、90年代前半に現在の組み合わせであればこのような帰結をもたらすということは予想できなかったと思います。当時はジョン・キャレイ氏とマシュー・シュガート氏（ともにアメリカの政治学者）の本『*Presidents and Assemblies: Constitutional Design and Electoral Dynamics*（首長と議会――憲法的デザインと選挙の動態）』(Cambridge University Press）が出た直後くらいで、基本的に第一院の選挙制度のみが分析され、混合制度（小選挙区制と比例代表制など、複数の制度を採り入れている選挙制度）も世界的に見てもまだ始まったばかりなわけです。混合制のコンタミネーション（汚染効果）、つまり、混合制において一方の選挙制度での行動がもう一つの制度での行動や帰結に影響を与えることですが――の分析が出てくるのは2000年くらいですし、90年代の時点では混合制は小選挙区制と比例制の良いところをとるという感覚だったと思います。要は、小選挙区制だけでは一つの政党が強くなってしまうから、比例制を少しでも入れて強くなりすぎることを緩和しましょう、という素朴な話だったはずです。研究者側もそういう提案があったら、納得はしないかもしれませんが、それほど大きな問題だとは認識していなかったように思います。地方選挙についても選挙制度を変えると言いながら変えなかったわけですが、「こんなに一生懸命やって、自民党に対抗する新進党もできたことだし地方はそのうち変わるだろう」と楽観的にほったらかしにしていたら、現状の非常に良くない制度の組み合わせになってしまったということだと思います。

現在の選挙制度の下では、自民党が一強になり、野党が弱くなりそうに見えますが、必ずしも自民党だけがこの選挙制度で有利になるのかというとわからないところがあります。大阪を見ると、大阪維新の会の一党制のような状態になっており、大阪府の自民党から見たらそれまで自分たちに有利をもたらした制度が逆回転していて、全然勝てない状態になっています。大統領制でも同じようなことが起きることがあると思いますが、単記非移譲式投票（SNTV）の議員と、それとは別に首長、つまり大統領や知事・市長が多数決で選ばれるという組み合わせの悪さがあります。大統領制と単記非移譲式投票というのは、実はアフガニスタンなどもそうです。アフガニスタンは多民族国家であるため、単記非移譲式投票のように少数民族も議席を獲得できる制度をとらざるを得なかったのだと思います。ただ、その後民族融合にはならないだろうなと日本を見ていると感じます。こうした噛み合わせの悪さについては、当初は考えられなかったと思いますし、そこを責めるのはちょっと可哀想だと私は思います。ただ、この噛み合わせに関しては、もう少し議論をしっかりとするべきだと思います。では誰が議論するのかというと、改革をして権力を失う可能性が大きくなるとか、損になる人はもちろんやろうとは言わないでしょう。自民党政権がどの程度意識的なのかはわかりませんが、自民党にとっては現状の制度を維持するのはある意味で合理的ではないかと思います。そこで冒頭でお話したような、自民党一党優位体制を前提に制度を作り直すといった議論が出てくるのだと思います。

竹中　砂原先生がご指摘されていることは、選挙制度のミスマッチでしょうか。つまり、中央の衆議院で小選挙区制と比例代表制を並立でやっていることはまだ良いとして、地方の選挙制度との関係ではミスマッチがあるのではないかということだと思います。もう少し詳しく教えていただけますか。

砂原　私の本『分裂と統合の日本政治』（千倉書房）のなかでは、特に地方選挙が政党間競争に与える影響について議論をしました。分析の前提として、国政選挙では衆議院が小選挙区比例代表並立制で、比例部分が小さくなっているので、極めて多数決型に近い選挙制度になっていることがあります。多数決型に近い選挙制度で野党が勝つためには、ある程度それぞれの選挙区で基盤を持っていることが望まれますが、日本の場合は地方政治を見ると非常に野党が弱いです。自民党は特に県議会などでは半分くらいの議席をずっと占め続けていますし、市町村レベルでは自民党とは名乗っていなくても自民党議員と関係のある保守系無所属の人たちが非常に多くの部分を占めています。

なぜこのような不均衡ができるのかを考えた時、地方レベルの選挙制度がまったく改革されていなくて単記非移譲式投票の選挙制度が続いていることが重要ではないかと先の本のなかで主張しています。

単記非移譲式投票の場合、個々の議員が少ない得票で当選できて、有権者に対して個別的なサービス提供を志向する議員のほうが強くなりやすいです。反対に、政策プログラム、特に普遍主義的なプログラムで[*12]勝負しようとする政党に所属する議員が支持を得ることは難しくなります。なぜかと言うと、政策プログラムに対して支持があるというのは、個々の議員に対する支持とは違うからです。個人に対して投票が行われ、当選へのハードルが低い選挙制度では、同じ政党に属する議員の間で票割れが起こります。そうなると、政策プログラムで勝負しようとする野党議員にとっては、勝つことが非常に難しくなります。その時点で権力を握《にぎ》っておらず、利益誘導よりも普遍主義的なプログラムを訴えることが多い野党が地方レベルで基盤を作ることは非常に困難であり、反対に自民党は地方レベルで国政のための基盤を作ることができるということです。こうした不均一があるために、野党は極めて不利な競争を政党システム上させられてしまっているというのが私の基本的な主張です。

竹中　砂原先生の議論を待鳥先生はどのようにご覧になっていますか？　野党がばらばらであるということへのお考えもあわせておうかがいしたいです。

待鳥　制度のロジックに関しては、砂原先生がおっしゃったことは非常に妥当な説明だと思います。ただ、政党の割れ方を考える時には、制度と争点の二つで考える必要があります。争点の話は支持基盤の話と密接に関係しています。日本の政党間関係、特に先ほど竹中先生がおっしゃったように、二大政党間競争はあまり続いていません。始まった時期は、新進党が出てきたところから数えてもいい感じがしますので、１９９４年末から始まったと言ってもいいかもしれませんが、長く見て20年、短く見れば10年でしょう。

いずれにしても、この10年でそういった構図が消えている理由としては、制度のロジックだけではなく、争点のロジックも作用していると思います。非常に端的に言うと、野党、つまり第二党の側が、安保法制をめぐる議論のなかで古い争点を発見してしまった。外交・安保争点での旧社会党支持者への訴求ですね。旧社会党支持者は経済争点への感応力が低いのです。それは彼らが高度経済成長や安定成長の恩恵を受けてきた高齢者で、若い時には労働者層として苦しいことが多かったかもしれませんが、すごく嫌な言い方をすれば今は十分にお金を持っていて、安定した生活がある人も多いからです。まさに砂原先生が先ほどからおっしゃっていることですが、終身雇用的な恩恵をフルに受けてきた世代です。こうした人たちは経済争点への感応力が低く、でも安保や外交安全保障争点への感応力は高い。日本社会全体の高齢化とともに彼らの存在感が増しています。

立憲民主党はまさにそこに「安住の地」を見つけてしまったというわけです。ここに行けば野党のままだけれど、議席の3分の1がとれることを思い出したのだと思います。先ほど自民党内で疑似政権交代するしかないという話が出ましたが、実は野党側も疑似政権交代でいいと思っているのかもしれません。それが一番楽ですからね。

そういう状態になってしまうと、色々なものが逆回転します。国と地方との政治制度のズレや、国政レベルの衆参の選挙制度のズレ、そして衆議院の選挙制度における混合制が生み出す汚染効果（連動効果）などの相乗効果が出て二大政党間競争は弱まり、与野党関係は固定されます。それを裏返せば、政権をとることさえ諦《あきら》めてしまえば、かつて確保していた安住の地が約束されるわけです。

本来は政権をとるために絶対に訴求しないといけない争点は経済ですが、経済争点における中道左派は、世界的にも今非常に苦しい状況です。新型コロナウイルスの問題が与えた、もしかすると唯一ポジティブなところは、財政制約の問題が少なくとも一時的に先送りになって、簡単に言えばもう一回どうばら撒《ま》くかが争点化する可能性があることです。そうすると中道左派がよみがえる可能性もあります。2021年9月のドイツの選挙で社会民主党が久しぶりに第一党になりましたが（中道左派のドイツ社会民主党が16年ぶりに第一党になった）、あれはどうばら撒くかという問題にある程度回帰したことの表れでもあるのでしょう。ロシア・ウクライナ戦争や円安の影響などによる物価高騰もあり、2010年代までの10年くらいの構図とはもう一回変わっていく可能性もあります。ところが、そこに気がついている様子がまるでなく、物価高も結局は政権への一時的な攻撃材料としてしか捉《とら》えられていないところが、今の日本の野党の深刻な問題だと思っています。

立憲民主党を中心とした野党は政権を目指すためとして、再発見した支持者層や、その人たちが加わった市民団体と一緒に、安保法制批判など合意できる範囲を重視した左派連合を組もうとしています。しかし、私はそれが適切なやり方とは思いません。例えるなら、ルービックキューブの1面や2面を完成させることに必死になって、6面を完成させる見通しを捨てているかのようなやり方です。完成させた1面を崩さなくては6面すべて完成しないわけですが、完成させた目先の1面をとにかく守りつつ6面完成を目指す、ということを今やっているわけです。それは無理だよ、というのが私の印象です。

竹中　待鳥先生の今のご説明ですと、二〇一九年の参議院議員選挙や二〇二一年の衆議院議員総選挙の時に共産党と立憲民主党が急接近したことも、安住の地をお互いに分け合って生き残っていこうということだと解釈できるかもしれませんね。

待鳥　それを目指しているかどうかは別にしても、実質的にそういう効果になってしまいます。何もしなければ共産党は資金が続く限り候補を立てますから、まずはそれをやめてもらうことを第一歩として考えた戦術なのかもしれません。しかし、共産党は体系的な世界観を持ち、それに基づいて個別争点の対応を決める政党ですから、相手の譲歩が戦術的なもので、世界観が相容れないとわかった瞬間に候補者擁立を再開するでしょう。共産党に候補者擁立をずっとやめてもらうためには、彼らが唱えている世界観に相当程度コミットしなければ無理だと思います。もちろん公明党にも世界観はありますが、彼らはそれと個別政策についての判断を切り離せる。自民党は、それに成功したわけです。その代わり個別政策すなわちミクロではものすごく譲歩しています。共産党にはそういうやり方はおそらく通用しないでしょう。結局、1回とか2回の選挙で共闘する域を出ないのではないかと思います。

竹中　ありがとうございます。彦谷先生、複雑な選挙制度と有権者の政治関心の関係についてどう思われますか。また、今の野党が政権交代を本当に考えているのかどうか、この10年の安倍一強と言われた状況との関係などについてお考えをお聞かせください。

彦谷　今、待鳥先生がおっしゃったこと、すなわち野党が「安住の地」を見つけて安保政策が回帰する中で、安全保障面での統治機構改革が行われたのは非常に不幸な組み合わせだったと思います。当時の自民党政権は自分が野党になる想定をあまりせず、一方で野党も政権を担うことをあまり意識しない中での制度設計になっています。ある程度与野党の対立の構図が元に戻ったような感覚のなかで設計してしまったことは残念なタイミングだったと思います。

複雑な選挙制度と有権者の政治関心の関係については、日本人は民主主義を当然だと思っているけれども意外と不満が多いことが、ピュー・リサーチ・センター（アメリカの世論調査機関）の意識調査からもうかがうことができます。日本は民主主義への満足度が意外と高くありません。また、「エキスパートに任せたほうが良いのではないか」ということへの許容度も日本人は高いです。そして、自分の投票が政策に影響を与えると思っているかどうか――いわゆる「政治的有効性感覚」――が32カ国中で日本は最低です。「No」と答えた人が「Yes」よりも多い国は日本だけで、55％の人が「No」と答えています。民主主義であることを当然視しているにもかかわらず、なぜ自分の票にあまり意味がないと考えているのかを考えた時に、一つの理由として選挙制度の複雑さが挙げられると思います。

なお、アメリカの学生たちには、複雑な選挙制度はすべて自民党が仕組んだ陰謀のように見えるようです。また、選挙というものは、人を選ぶだけではなく、選ばないことも一つの権利であるはずが、同じ選挙区から3人当選するなどというのは感覚的に受け入れられない、と言う学生もいました。

竹中　また、野党勢力が低迷してどう生きていくかを考えていた時に、ＮＳＣの導入や集団的自衛権の話が政策課題となったため、安保政策が争点化したということですよね。

彦谷　はい、安保法制については、「日本が戦争できる国になる」という言われ方がよくされました。確かにそのような面もありますが、そうならば、手続き的にどうするかを決めることが非常に大事なポイントです。もちろん、手続きについての議論もありましたが、政権交代したらどうなるのか、与野党ともに意識が足りなかったのではないでしょうか。その危険性や問題点に気づいていた人が当時の野党にいなかったわけではなく、付帯事項のようなかたちで法案の条文に入っていますが、全般的にはプロセス、特に国会の果たす役割についてもっと関心が持たれるべきだったと思います。

竹中　プロセスというのは、例えば外国に自衛隊を送る際などに国会をもっと関与させる、といったことをしっかりと決めておくべきだったということでしょうか？

彦谷　そうです。武力攻撃事態か、存立危機事態か、重要影響事態か、[*13] という事態認定が非常に大きなステップとしてあります。平和安保法制、そしてその中で定められた各種事態が既存の法律をベースに作られているために、そのような分類となっているのですが、それぞれの事態認定に国会がどの段階でどのように関わるのか、またどのような事態が何に相当するかについては、十分に理解されていないと思います。議院内閣制である以上、国会が政権与党のラバースタンプとなる（十分な検討をせず賛成・認可する）面はもちろんあるのですが、自民党の中でも異論が出る可能性もあるかと思います。一つの解決策として、事態の種類を一本化すべきだと言っている方もいらっしゃいますし、参議院の役割についても再考すべきだという意見もあります。

議会がどこまで関わるかについては、イギリスでもイラク戦争への反省から随分と議論されました。アメリカの場合は、２００１年以来、戦争権限法（アメリカ大統領の戦争に関する権限の範囲を定める法律）を新たに制定あるいは改定することなく、それをベースに軍隊が派遣されていることが問題になっています。

竹中先生はせっかく動くように作られた仕組みであるのに、参議院が意外とブロックできて動かしにくいものになっているという問題意識をお持ちのように感じます。

竹中　そうですね、問題意識というよりは結果としてそうなっていると理解しています。「それはそれなりに権力抑制のあり方ではないか」と私が言っているので、待鳥先生には「お前は首相権力を強くすることにも賛成やし、抑制することにも賛成やし、どないやねん」と怒られているということです（笑）。

実態として、あまり注目されていませんが、参議院は独立性が非常に強く、参議院のパワーが非常に抑制的な効果を働かせていると思います。そしてそれとともにおそらく日本は法律で決めないといけないことが非常に多い国だという感じがしています。何を法律事項（法律で定めなければならない事項）としているのかについては、それこそ我々で科研プロジェクトを作って調べたら良い話だと思っています。特に、軍隊を動かすためにこれだけの法律を作らないといけない国は他にはないのではないでしょうか。イギリスは年間に出す法案が20本から30本で、日本は80本くらい出しています。数は重要ではないかもしれませんが、日本では法律で決めないといけない事項が多いのではないかと思います。例えば行政組織について、イギリスは政令（内閣が制定する命令）で決められますが、日本は各省設置法があるのでそれだけでも手間がかかります。どうしてそうなっているのかについては、研究を進めるべき課題であると考えているところです。

政党についてはいかがでしょうか。国民と政党の距離はどれほど近いのでしょうか。アメリカであれば共和党か民主党、イギリスであれば保守党か労働党を支持するということに比べて、日本は国民と政党の距離はどのくらいあると思われますか？

待鳥　政党支持については、国際的に見て日本は著しく距離があるわけではないと思います。日本の有権者の間に政党の存在感が決してないわけではありません。ただ、選挙の時に政党を基準に投票する人の次元で見るか、政党の日常活動に対して党員になったり寄付したりしている人の次元で見るかによってもだいぶ変わってきます。投票以上の活動をする人はとても少ないです。民主主義というシステムに対するサポートは強くても、投票外参加はしない、投票だけする、というのが現状になっています。

また、政党システムや政党に対する社会の関係、定着度は、政党がころころ変わらないことが前提としてあります。新しい政党がどんどん出てくるような状況だと、有権者の間に浸透するのは無理です。先ほどの野党の話にも関係しますが、現状の野党はほとんどの場合、有権者の間に完全に浸透しきる前に組織が変わったり、名前が変わってしまったりします。そうすると、一番安定しているのは自民党と共産党ということになるわけです。

それが日本の政治にとってハッピーなのか、あるいは教訓《レッスン》として良いかと聞かれれば、疑問ではあるでしょう。一番の教訓が「政党の名前を変えないこと」というのはどうなのか。ただ実際問題としては、同じ名前で続けないと政党は有権者の間になかなか浸透していきませんし、さらに政党のために投票以外のことをしようという有権者は出てこないと思います。特定の争点にだけ感応する有権者が出てくることも、政党そのものに感応していないことへの表れともいえます。外交・安全保障政策の時には動くけれど経済政策の時には動かない、という有権者が多く存在しているのは、その政党全体を支持していないことの表れだと思います。

竹中　砂原先生、政党はなぜこんなにも名前を変えるのでしょうか？

砂原　名前を変えたら一新できると思っているからでしょうね。二大政党制、小選挙区制で勝つためには、とにかくたくさんの人を味方にしないといけません。しかし現実には野党は、特定の人には受けるけれど多くの人には受けないようなことを言い始めてしまうわけです。これはまさに中選挙区での慣行に近いところがあって、批判する対象が政権であると、政権とは違うことを言うことそれ自体に意義があるように見えるわけです。でも実際問題として、政権というものは一応支持されて政権についていますから、彼らがやっていること、官僚がやっていることはそれなりの支持を受けてはいるわけです。ところが野党側が、根本的に政権は間違っていると思って政権公約を立てようとすると、これは無茶だろうというような話がたくさん出てきてしまうのです。消費税を時限的に廃止するとか、1000万円以下は所得税をなしにするとか、持続的ではないようなことを平気で言ってしまうわけですね。それは、今の政権がすべて間違いだという感覚で見ているからではないでしょうか。それではある意味で、自分たちが現在の政治に対して何も責任を果たしていなくて、おそらく今後も果たすつもりもないと言明しているのと同じことになってしまいます。しかし、それを喜ぶ人たちがいて、その人たちに向けてそのような主張を提示してしまうわけです。

先ほど彦谷先生がおっしゃったことがまさにその通りで――これに関しては建林正彦先生が『政党政治の制度分析――マルチレベルの政治競争における政党組織』（千倉書房）というご著書のなかで、とても重要なことを論じておられると思いますが――現在の選挙制度の組み合わせでは、有権者は自分の1票が何を意味しているのかわからなくなっているのだと思います。小選挙区の国政レベルでは自民党か立憲民主党かを選んでくれと言われ、参議院では自民党がいるだけの一人区とか、自民党を二人出してしまう二人区とかがあり、東京であれば30人くらい候補がいるような選挙区があったりするわけです。そして知事選挙を見ると、自民党と立憲民主党が一緒のグループにいて共産党と闘っていたり、都道府県議会と市町村議会を見ると、無所属といっても自民党のような顔をして結局何党なのかわからないような人がずらっと並んでいたりします。そうすると、自分が投じた1票がどのような政治的帰結につながるかという想像力がまったく機能しなくなってしまいます。私自身、こういう仕事をしていなかったら、自分の1票の意味がわからないのに投票しろと言われても難しいと思います。にもかかわらず、なぜこれほど皆が投票に行っているのか、というのは逆に不思議なことにも思えます。

選挙制度の複雑さというのは、自分が持っている1票をどのように機能させるかということに関する共通理解があるかないかという話だと思います。残念ながら日本の選挙制度はそれを作ろうとはまったくしていなくて、むしろ共通理解がないことを奇貨として機会主義的に利用するところが少なくありません。それが一番大きな問題だと思います。

竹中　そうすると、ゲイリー・W・コックス先生[*14]の本『*Making Votes Count*（投票を適切に機能させる）』（Cambridge University Press）とは真逆のことをしているということですね。

待鳥　地方選挙は、もはや商店街のスピードくじみたいになってしまっていますよね。当たってもつまらないものしかもらえないけれど、当たるかどうかちょっとワクワクはしたい、という。特に市町村議会選挙などへの有権者の参加意識は、そうなってしまっていると思います。それは、政党の存在感がごく希薄であることを含め、制度がそのような参加意識を要求して期待しているからです。

砂原　おそらくアンケートをとったらわかると思いますが、「前回の市町村議会選挙で誰に投票したかを覚えていますか？」と聞いて答えられない人は多いと思うのです。1年後に聞いたとしても多分難しくて、政治学者でも同じだと思います。

竹中　選挙を権利ではなく義務だと思っている人が多いですよね。彦谷先生、有権者の政治的有効性感覚が少ないというのは、選挙制度があまりにもばらばらで、候補者があまりにも混乱した状況だからなのでしょうか。

彦谷　選挙制度が複雑だから自分の１票が何につながっているのかわからないということだと思います。アメリカは有権者登録[*15]をする時も支持政党を聞かれるなど、何かと党派的な自己アイデンティティが求められます。もちろん、すべての物事が二つに割れるわけではないのにどちらかのグループに所属せざるをえないことが良いとは言い切れませんが。日本は、どの党を選んだらこういう政策に帰結するということまで考えて投票することが非常に困難だと思います。

それに関連したことで言うと、自民党の総裁選では党員になれば１票を入れられるということについて、有権者はどう感じているのかとても関心があります。普段、特定の結果につながるような１票なんて世の中にはないという感覚を持っている人たちが、単にそのゲームに入りたいがために自民党の党員になったりはしないでしょうか。そのくらい総裁選の党員の１票は、他の選挙に比べて決定的なものとなるような感じがあると思いますし、メディアがそういった取り上げ方をしていることも影響していると思います。ただ、どのような人が党員なのかについて関心が高まればそれはそれで面白いな、とも感じています。

竹中　それは非常に面白い指摘ですね。意図してやっているかどうかはともかくとして、「私の1票はかなり重要だ」という印象を自民党員は持っていると思いますし、党勢拡大につながる効果があるかもしれないと思います。党員になったら実際に首相を選べると思えば、たとえ100万分の1票であっても直接選挙的、首相公選的な意味を、自分の1票が持つということですから。色々な面で柔軟にインターネット戦略を一番行っているのは自民党で、インターネットを駆使して20代、30代の支持を取り込みに行っていますから、自民党を身近に感じている20代、30代は結構いるのではないでしょうか。

日本の民主主義が示す教訓

竹中　次に教訓《レッスン》について議論したいと思います。日本の統治機構と政党制については、日本人はそもそもの期待値が高いため、もう少し日本の民主主義のために良くしたいという考えが強いのではないかと思います。だからこそ、ばらばらだとか、自分の1票が有効かどうか疑う人が多いとか、野党にもっとしっかりしてほしいといったことが議論に現れてきてしまうのだと思います。日本の民主主義について、他の先進民主主義国や競争的権威主義体制の国、今は権威主義でこれから民主化しようとしている国にとっての教訓になることが何かあればお聞かせいただきたいと思います。

待鳥　民主主義の理念や原理については、完全に日本の国民の間で良いものだという共通認識があります。よく日本の政府や政治家が「世界の自由と民主主義と人権のために○○をします」と言うと、国内からは「日本はそんなことをやっていないのに、外国に向かって『やっています』みたいな顔をしていて笑っちゃうよね」という批判が出てきます。私もそういう部分がないとは思いませんが、日本は全体として見れば民主主義が定着していることは明確です。

例えば、日本の民主主義の現状に対して、マイノリティの権利の擁護や拡充が不十分という批判があります。私も同感ですが、こうした議論はマジョリティの権利が守られているからこそ出るのであって、マジョリティの権利すら守られていない国では議論にもなりません。

その意味では、初等中等教育を通じて「基本的に民主主義は良いものだ」と教えてきたことは、間違いなく大きな意味がありました。これは第一の教訓でしょう。

しかし、原理としての民主主義を具体的な制度に落とし込むことに関しては十分に考えてこなかったし、教えてこなかった面があります。原理やシステムに対する支持が強く、運用に依存してきたところがあり、制度デザインという思考法に弱いところがある気がしています。「運用で何とかなる」「現場が何とかしてくれる」というのは今までずっとあった発想ですが、現場に頼るのは経験の積み上げでしかありませんから、どこが間違っているのか、なぜうまく作動しないのかがわかりません。

そう考えると、90年代の改革は、「現場が何とかしてくれる」という発想をやめるという非常に勇気あるチャレンジだったと思います。「初めからきちんとデザインしよう」「動かしていって問題が出てきたらどこに問題があるのか考えて、必要ならデザインを変えよう」というように、うまく作動しないとしても現場でごまかすのではなく、どこに問題があるのかわかっているほうが良い、という議論の組み方に変えようとしたわけです。それが頓挫《とんざ》したとまでは思いませんが、最初に議論したように、この10年間はあまり良くなかったと感じています。

もう一つの教訓として、民主主義の定着は経済的な成功や社会的安定とセットだということです。このセットをいかに作れるかは、やはり大事な課題であることは間違いありません。
ただ、今の日本に話を戻せば、社会経済的に自信を失ってきたこととセットになって、政治への信頼も失われるという逆回転している状態があるのだと思います。制度デザインは必要で重要なことで考えずには済まないけれど、それをやるだけでは駄目な部分もたくさんあるということです。日本自身がこれからどうなっていくかと聞かれたら、社会経済的な自信が失われている状態は政治制度に対して非常に悪い影響がありますから、ちょっと深刻かなと思っています。

竹中　反体制政党がないということに関してはいかがでしょうか。

待鳥　日本には反体制政党は今のところほとんどないですよね。民主主義に対する社会全体のサポートが強いので、体制外政党が生まれてきづらいのです。ただ、社会経済的な自信が失われている話とも関係しますが、パンデミックなどによってグローバル化が常識や必然だと見なされなくなったことと相まって、外国人排斥といったタイプの政党が出てこないとも限りません。今後についてはちょっとわかりませんし、やや良くない兆《きざ》しも感じます。ただこの70数年の経験では、そういった政党がほぼない状態でやれてきたとは言えると思います。

竹中 日本人の民主主義への信頼は厚いですからね。民主主義を良くしていくために、地方分権が良いのか悪いのか、首相に権力を集中させるのが良いのか悪いのか、といった議論を一生懸命していることは日本の良いところだと思います。彦谷先生はいかがでしょうか。

彦谷 アメリカで教えていた時の経験で言うと、途上国あるいはまだフルに民主主義ではない国から来た学生にとっては、日本の戦後のストーリーは比較的汚職もなく、有能な官僚を集めて経済成長につなげていったという意味での教訓《レッスン》になるという印象が強かったようです。一方、一党が優位を維持する国のエリート層出身の学生は、民主主義のゲームの中でいかに一党優位を維持するかについての教訓になると言っていました。また、竹中先生がおっしゃるように、この30年の一連の改革をめぐる議論そのものが、民主主義のあるべき姿について多様な意見があるという意味で教訓となるのかもしれません。

一方、先進国あるいは人口が減少している国から来た学生からみれば、日本のように人口が減少して高齢化が進む国がどのように資源配分していくのか、縮小国家の政治運営という観点から、非常に面白い前例になる可能性があると思います。また、高齢者の投票率が高く、若者は低いといった状況や、資源が制約されている状況というのは、今後は日本だけの話ではなくなってきますから、どうやって民主主義を維持していくか、次の世代のことをどう反映させる政策にしていくかといった制度についてもう少し関心が生まれると、他の国の参考になると思っています。

竹中　彦谷先生ご自身は、どの点が良い教訓になって、どの点があまり参考にならないと思われますか？

彦谷　以前、「明治１５０周年」というプロジェクトがあった時にお声がかかって、明治１５０周年を振り返って日本の民主主義について考えるという公開イベントでパネリストを務めた時は非常に困りました。言うまでもなく日本の場合は１５０年を通して継続的に民主化が進んでいったわけではありませんから。ただ、前向きに考えると、日本は他の国から見ると、儒教的なシステム、東洋のシステムに民主主義を移植してうまくいった例だと言われることが多いです。普段日本人がどこまで意識しているかは別として、文化的な違いを理由に、「民主主義は無理だ」という人たちに対して「そんなことはない」と提示できる例になり得ると思います。

竹中　儒教文化のなかで日本が一番初めに民主化しましたからね。その背景として１９４５年、１９４６年が注目されますが、それ以前にも明治憲法のもとで民主主義まではいかなかったけれど議会政治をきちんとマネージしてきたという伝統があったことを、海外には伝えていくべきだと思います。砂原先生はいかがでしょうか。

砂原　先ほど待鳥先生がおっしゃった内容に近いことですが、自己改革能力が1回はあったことは評価すべきポイントだと思います。しかも、軍隊が主導するといった超法規的な方法ではなくて、平時に自己改革能力を発揮したことは、評価されるべきだと思います。そして、当時の改革の一つの主眼に、汚職をいかに少なくするかという話がありますが、これに関してはかなりのレベルで達成していると言えます。もちろん、安倍政権時に色々な問題が出ましたし、２０２４年初頭の安倍派（清和政策研究会）解散のきっかけとなった「キックバック」のような問題[16]もありますが、往時の汚職と比べると桁が違いますから、一応評価すべきだと考えています。

しかし、自己改革能力を継続できるかというとなかなか難しいところがあります。もともと発揮することが極めて難しい能力だと思いますが、改革を継続する能力は非常に求められているところです。先ほど彦谷先生がおっしゃっていましたが、日本では有権者が「民主主義が重要だ」としている感覚に依存しているところがあるように思います。一度自己改革を成し得た後、継続的に一定の信任を得ているシステムにのっかり、そのなかで自民党は適応しているわけです。しかしながら、システム全体の信任をもう一度取り戻そうという動きにはなっていないことが大きな問題です。裏金の奥にあるとされる「政策活動費」の見直しが進まないような問題は、まさにその典型と言えるかもしれません。一度は改革できたかもしれませんし、それを継続的に見直して悪い問題を見つけるということまではできていると思いますが、それを政治の場にフィードバックすることはなかなか難しいのが現状です。今後の日本が再度改革能力をどうやって呼び起こすか、そもそもそれが可能かということは、他の国に対しても教訓をもたらすと思います。

個人的には、民主主義への信任があるとは言っても、例えば統一地方選挙[17]は果たしてあと何回できるのだろうかと感じています。特に都道府県議会は現状であれほど無投票当選が多く、しかも投票率が低くなっているなかで、ほとんどの人が意味を感じにくくなっているのが現状に近いと思います。そうすると、あと2回できたとしても、果たして3回目ができるのだろうかと思うわけです。冒頭で申し上げたことに近いですが、そこで誰かが何か衝突を引き起こして現実が制度を動かすという話になるのか、あるいはもう一度現実を変えようとする自己改革が出てくるのか、これから問われるところだと考えています。

竹中　汚職の問題は、我々が思っている以上に途上国の学生などは非常に関心を持っているテーマです。政治家が自分たちの汚職をなくすための改革をよくできた、という考え方もできますよね。官僚の汚職が少ないことは、長期雇用をふいにするというペナルティが抑止している面が大きいのではないかというのが砂原先生の仮説でした。私たちにとっては当たり前のことかもしれませんが、その経過をご存知ない人もいると思いますので、なぜ政治家が自分で自分の手足を縛《しば》るような政治資金規正改革をできたのか、砂原先生のお考えをお聞かせください。我々は自分たちの民主主義について非常に厳しいですが、中選挙区制度時代に比べて政治腐敗が少なくなったことは評価すべきだと思っています。

砂原　ラッキーな側面ももちろんあったと思います。オーラル・ヒストリーの研究*[18]をしていると出てくる話ですが、派閥と結びついているとされがちな政治資金は、実際には個人に対して流れている部分が非常に大きい。そのような政治資金を、世代を超えて引き継いでいくのが非常に難しいということが、おそらくあったのだと思います。80年代後半から90年代前半にかけての時期は、それまで政治資金を受け取っていた世代が交代する時期にあたります。難しいとはいえ、世代交代を派閥の中で行うという方法もあったかもしれません。しかし、主要な政治家の世代交代とおそらく同じタイミングで政治資金規正の流れがあり、そしてそこに財界も乗っかったということもあるように思います。お金を出す側のほうでも、バブルも崩壊したわけでこれ以上政治家に資金を流すのは難しい、という感覚が強くあったでしょう。また、政治家がライバルへの政治資金の流れを止めたいという感覚もあったかもしれません。そういった複合的な状況のなかで自民党が、不透明なかたちで企業などから直接政治資金を流すという状況を変える決断をできたことは、ある程度評価されるべきだと思います。

待鳥　中選挙区制度時代の政治腐敗はひどかったと思いますが、政治家はそれを蓄財していたというよりは、有権者サービスに回していました。政治家の側から言うと、お金をたくさん集めてきてそれをたくさん配るというのは結構面倒くさいことです。実際問題として借金を多く抱える政治家も珍しくなく、違法・脱法的な資金源に頼るケースもありました。だから、やらなくて済むのであればそのほうがいい、という感覚も、あの時点の改革の理由としてあったと思います。もちろんお金の一部は政治家の手元に残っていますし、今なお世代交代の際の政治資金管理団体の継承などを通じて二世議員に有利に作用していることは明らかで、それもあって彼らは裕福な生活ができるわけですが、国際基準で見ると全然残っていません。巨額のお金が流れていたけれど、その大部分は後援会など有権者に流していたということです。

腐敗研究はたくさんあって、政治家なり公職者の手元に残る仕組み、すなわち政治資金の相当部分が公私混同的に政治家一族の財産になってしまうような仕組みだと、政治資金が彼らの生活や経済的地位の基盤になっているために解体しにくいのです。ですが、たくさんの政治資金が動いていても、それが政治家の手元に残らない仕組みであれば、政治家にとっては社会経済的な利害関心とは別の問題として認識され、変えられる可能性があります。依然として不十分な点が多々ありますが、日本が政治資金をめぐる改革を比較的頻繁に行っている背景には、このことが関係しているのではないかと思います。それは、教訓として一つ言えることかもしれません。

竹中　政治資金制度改革については、小沢一郎さんの『日本改造計画』（講談社）などを読むと少し書いてありますが、資金を党に集中させたいというインセンティブがあり、派閥を弱くしたいという考えが明らかにあったと思います。そういう意味で、政治的計算が結果としてうまく腐敗をなくす方向にいったということはあると思っています。

本日は非常に有意義なお話を先生方からいただきました。この問題は相当考え尽くされているので、果たして新しい論点が出るだろうかと不安に思っていたのですが、安保法制のタイミングと、野党が安住の地を見つけるあたりのところなどは、もう少し研究してもいいのではないかと思いました。それから、政治的有効性感覚と選挙結果がどうつながっているのかわからないという点は、調査をするとさらに面白い研究結果が期待できるのではないかと感じました。本日はお忙しいなか、今までの研究の蓄積をご共有いただき、非常に充実したディスカッションになりました。とても勉強になりました。本当にありがとうございました。

＊1　**「現状に対する変革」という点では共通していても、方向性はばらばらになってしまった**

待鳥聡史『政治改革再考――変貌を遂げた国家の軌跡』（新潮社）によれば、1990年代以降の広範囲に及ぶ政治改革には、共通の理念として、「『近代主義』が…存在していたと考えられる」。ここでいう近代主義とは、「幕末開国期あるいは少なくとも戦後初期から連綿と続く、日本の社会に生きる人々の行動と…日本の政治行政や社会経済のあり方を、より主体的かつ合理的なものにすることを望ましいとする考え方…自律した個々人が自らの選択と合意によって政治権力を創出し、管理し、政府を運営することを期待する考え方」である。

では、近代主義という共通の理念があったにもかかわらずなぜ各領域の改革の方向性がばらばらになったのか？　この点について同書は、「各領域において主導的役割を果たすアクターが認識する課題が異なれば…その領域における課題に対する処方箋として示される改革の内容も異なる」からであり、その結果、「異なった方向での制度変革につながり、公共部門全体の作動に対しては期待した成果に必ずしもつながらなかった」と論じている。

また、90年代以降の包括的な政治改革の多くが、実際には80年代までの政治過程――「自民党も各省庁も、トップリーダーの一存では物事を決めることはできなかった…分権的でかつ横並び的な政策決定を基本的特徴とする過程」――の中で進められたことも、各領域の改革の方向性がばらばらになった大きな要因だったと説明している。

（「」内は同書38～44頁より。…は中略を示す）

＊2　**執行部の任期について党改革案**

2021年9月の自民党総裁選挙に出馬した

岸田文雄候補（当時）は、総裁を除く党役員の任期を「1期1年、連続3期まで」とする党改革案を掲げた。この改革案は、当時5年間継続して幹事長の座にあった二階俊博議員などに対する批判であると報じられた。

＊3　国家安全保障会議（NSC）

日本の安全保障政策について審議し、その司令塔的な役割を果たす機関。英語表記 National Security Council を略してNSCともいう。2013年12月、第二次安倍晋三内閣のもとで創設。

3種類の会合――「四大臣会合」「九大臣会合」「緊急事態大臣会合」――が開かれる。四大臣会合のメンバーは、首相、官房長官、外務大臣、防衛大臣。九大臣会合のメンバーは、4大臣に、総務大臣、財務大臣、経済産業大臣、国土交通大臣、国家公安委員長の5人を加えたメンバー。緊急事態大臣会合のメンバーは、緊急事態の種類によって変わる。

最も頻繁に開かれるのが四大臣会合で、北朝鮮のミサイル発射に関する分析・対応などを含めた、比較的迅速な対応を要する事項を話し合う。九大臣会合は必要に応じて開かれ、より中長期的な国家戦略などについて多角的に話し合う。2022年12月に岸田内閣で閣議決定された「安保3文書」も九大臣会合での審議を経たもの。

＊4　国家安全保障局（NSS）

国家安全保障会議（NSC）をサポートし、その実務を担う機関。外務省、防衛省、経産省などから出向した職員で構成される。英語表記 National Security Secretariat を略してNSSともいう。2014年1月、第二次安倍晋三内閣のもとで設置。

＊5　平和安保法制

平和安全法制整備法と国際平和支援法の二つの法律の総称。2015年に安倍内閣が閣議で2法案を決定し、衆議院に提出。国会での採決を経て成立し、2016年3月から施行された。これらの法律により、日本は集団的自衛権の限定的な行使が可能となった。

＊6　近代主義右派

自由主義を基調とする近代主義の立場をとる人々のこと。近代主義左派（マルクス主義に依拠する、または親近性が強い近代主義の立場をとる人々）に対する概念。

待鳥聡史『政治改革再考――変貌を遂げた国家の軌跡』（新潮社）によれば、「戦後日本における近代主義は…共産主義を含めた左派への志向と親近性が強かった」。そうした状況のなか、さらに丸山眞男ら左派知識人が台頭することで、「一九五〇年代から六〇年代初頭にかけての近代主義における左派の優越が確立」された。当時、自由主義を基調とする近代主義右派として「木村健康《たけやす》や猪木正道ら」がいたが、「保守派として一括りにされる傾向があった」。しかしその後一九六〇年代半ば以降になると、「高坂正堯…山崎正和、永井陽之助ら」が論客として活動するようになる。彼らは、「戦後日本の自由民主主義体制や国際秩序を前提としながら、そこで展開される政治や…社会経済の在り方…個々人の生き方を近代化あるいは合理化することに、大きな意味を見出していた。…個人を尊重する新しい憲法体制と自由主義にコミットする日米同盟関係を基本的に肯定し、その上に築かれた日本の繁栄の基盤を拡充することを重視していた…これは、明治憲法体制から出発するオールド・リベラリストとも、自由主義を重視しない近代主義左派とも異なった立場であった。

ここに戦後日本における近代主義右派、すなわち自由主義を基調とした近代主義の成立を見るのは…牽強付会ではあるまい」と説明している。

なお、同書で著者は、90年代以降の政治改革について、「近代主義右派のプロジェクトであった」と位置づけ、その上でその中心にいたのは、「牛尾治郎や小林陽太郎といった海外経験が豊富な経済人」だったと指摘している。

（「」内は同書73～82頁より。…は中略を示す）

＊7　学術会議の問題

２０２０年9月、菅義偉首相（当時）は、日本学術会議から新しい会員の候補として推薦された１０５名のうち、６名の任命を拒否した。任命拒否の理由は明らかにされなかった。これに対して、任命拒否は政府による人事介入であり、日本学術会議の独立性や学問の自由が損なわれるとの批判が起きた。同年10月16日には、日本学術会議の梶田隆章会長が菅義偉首相を訪問し、任命拒否の理由説明と6名の任命を求める要望書を直接提出した。

＊8　アジア・パシフィック・イニシアティブ（ＡＰＩ）による…検証

一般財団法人アジア・パシフィック・イニシアティブ（ＡＰＩ）は、民間のシンクタンク。政府から独立した立場で「新型コロナ対応・民間臨時調査会（コロナ民間臨調）」を立ち上げ、新型コロナ対応に関する日本政府の取り組みを中心に、専門家による総合的な検証を行った。その成果をまとめたものは、『新型コロナ対応・民間臨時調査会　調査・検証報告書』（ディスカヴァー・トゥエンティワン、２０２０年）として出版された。

なおＡＰＩは、２０２２年7月に、（公財）国際文化会館と合併。現在は（公財）国際文化会館の一部のプログラムのブランドとなっている。

＊9　ニュー・パブリック・マネジメント

公共部門の改革、行政改革のために、民間の経営手法に類似した方法を取り入れる試み。「新公共経営」、「ＮＰＭ」（New Public Management の略）ともいう。

１９６０～70年代に長期的な停滞を経験し「英国病」と呼ばれたイギリスで最初に唱えられ、試みられた。日本における独立行政法人の創設、ＰＦＩ（公共施設等の建設・維持管理・運営等を、民間の資金・経営能力・技術的能力を活用して行う）の導入なども、イギリス型のニュー・パブリック・マネジメントを参考に行われた。

＊10　単記非移譲式投票（ＳＮＴＶ）

有権者が１人の候補者を選んで投票し（単記）、候補者間での票の移譲は行わずに（非移譲）得票数順に当選者を決める選挙方式。ＳＮＴＶ（single non-transferable vote）ともいう。

日本では、１９９３年までの中選挙区制による衆議院議員総選挙において採用されていた。また現在でも、多くの地方議会選挙（地方議会では大選挙区制、中選挙区制、小選挙区制が併存）において採用されている。

単記非移譲式投票に対して、単記移譲式投票（ＳＴＶ：single transferable vote）という投票方式がある。この方式では、有権者が候補者に優先順位をつけて投票し、当選確定者の余剰票は他の候補者に移譲される。

一方、単記非移譲式投票（ＳＮＴＶ）では、候補者間での票の移譲が行われないので、同じ政党の候補者が票を奪い合うことになり、政党よりも個人への投票が強調される。

＊11　並立制ではなく併用制

並立制（小選挙区比例代表並立制）は、日本の衆議院議員総選挙で採用されている制度。小選挙区制の投票結果により小選挙区制での当選者が決まり、比例代表制の投票結果により比例代表制での当選者が決まる（重複立候補を除き、原則、互いの結果は影響せず、両制度が並立）。

併用制（小選挙区比例代表併用制）は、ドイツ連邦議会などの選挙で採用されている制度。比例代表制での得票率によって全体の議席数が割り振られる。

日本の衆議院議員総選挙で採用されている並立制では、全議席の60％超が小選挙区に割り振られており、小選挙区制（大政党に有利）を中心とした制度といえる。一方、併用制は、比例代表制での得票率によって全体の議席数が割り振られるため、比例代表制（小政党も議席を確保しやすい）を中心とした制度といえる。

＊12　普遍主義的なプログラム

人々や集団の共通性を重んじる政策プログラムのこと。これに対して、人々や集団の違いを重んじる政策プログラムを、選別主義的なプログラムという。

例えば、特定の所得制限を設けずにすべての子供に支給される子ども手当は、普遍主義的な政策といえる。一方、特定の業界や特定規模の企業に補助金を出す政策は、選別主義的な政策である。

＊13　武力攻撃事態か、存立危機事態か、重要影響事態か

「武力攻撃事態」は、日本が外部から武力攻撃を受けている事態、または明らかに武力攻撃が発生する危険が切迫している事態。「存立危機事態」は、日本と密接な関係にある他国に対する武力攻撃が発生し、日本の存立が脅《おびや》かされ、国民の生命や自由などの権利が根底から覆される明らかな危険がある事態。「重要影響事態」は、放置すれば日本に対する武力攻撃の危険があるなど、日本の平和と安全に重要な影響を与える事態。

＊14　ゲイリー・W・コックス

アメリカの政治学者。専門は比較政治学、政治理論。著書『*Making Votes Count*（投票を適切に機能させる）』（Cambridge University Press、１９９７年）で、選挙に関する様々な法律や制度を比較し、有権者が投じた票をより適切に選挙結果に反映させるためにはどのような法律・制度が妥当かについて検討した。

＊15　有権者登録

日本では選挙権年齢になると特に手続きをせずとも投票ができるが、アメリカでは選挙人名簿に自分の名前を載せてもらうよう、居住地の選挙管理委員会に事前申請をしなくてはならない。

＊16　２０２４年初頭の安倍派…解散のきっかけとなった「キックバック」のような問題

当時、安倍派と呼ばれていた、清和政策研究会において、同派閥に所属する議員がパーティー券の販売ノルマを超えて集めた分の収入が議員側にキックバックされており、なおかつ派閥の収支報告書にパーティー収入や議員側への支出として記載されていなかった問題。この問題を受け、２０２４年1月19日、安倍派（清和政策研究会）は解散する方針を決定した。

＊17　統一地方選挙

４年に1度、全国の多くの地方自治体で日程を統一して行われる、首長と議員の選挙。１９４７年の第1回目の選挙以来、改選時期に合わせて４年ごとに行われ、２０２３年の統一地方選挙は20回目。

＊18　オーラル・ヒストリーの研究

歴史研究のために、当事者や関係者から直接話を聞き取り、記録としてまとめること。

第3章

市民社会、多様性、メディア

議論参加者

鹿毛 利枝子

東京大学大学院総合文化研究科教授。著書に『*Civic Engagement in Postwar Japan*』(Cambridge University Press)など

安部敏樹

2009年、東京大学在学中に、社会問題をツアーにして発信・共有するプラットフォーム「リディラバ」を開始。2012年に法人化

竹中治堅(司会)

政策研究大学院大学教授。著書に『コロナ危機の政治――安倍政権vs.知事』(中公新書)など

林 香里

東京大学大学院情報学環教授、東京大学理事・副学長(国際、D&I担当)。著書に『メディア不信』(岩波新書)など

日本の市民社会組織の歴史と現在

竹中　はじめに、日本の市民社会のあり方について議論したいと思います。一般的に理解されている流れとしては、1995年の阪神・淡路大震災の際に支援・救援活動といったかたちで市民活動が盛んになり、1998年には特定非営利活動促進法（NPO法）ができました。それまでは「権利能力なき社団」といわれ、事務所を借りるにしても口座を開設するにしても、代表者である個人がすべて責任を負わなければならず、なかなか活動しにくい状況にありました。ワシントン大学のロバート・ペッカネン氏[*1]が研究されており、NPO法ができたことによって市民団体が非常に増えて市民活動が活発になり、日本の民主主義の質的向上につながったと指摘しています。

　例えばアメリカでは、何かが起きるとすぐに団体を作って活動すると感じていますが、日本の市民社会はどのような現状なのでしょうか。特に安部さんは実際に活動されていますので、どのようなことを感じているかをお聞かせください。先日別の機会に安部さんと意見交換させていただいた時に、近年は霞が関からの人材がＮＰＯや市民団体に流れ込んでいて質的に上昇しているということ、この5年ほどで市民団体の給与水準が変化していることなどについて教えていただきました。今日はその辺りの状況についてもご説明いただけると参考になると思います。

それではまず鹿毛先生、日本の市民社会の現状についてどのように評価していらっしゃいますか？

鹿毛　今お話に出たロバート・ペッカネン氏は、日本にある規模が非常に小さい無数の団体を「政策提言なきメンバー達」と呼んでいます。こうした団体では地域の福祉活動、環境関連の活動といったようなサービスの提供に軸足が置かれており、政策提言までなかなか力が及ばないということです。彼の著書『日本における市民社会の二重構造――政策提言なきメンバー達』（木鐸社）（原書は『*Japan's Dual Civil Society*』(Stanford University Press)）の原著は２００６年に出版されたものですが、おそらく今でもその全体像は同じだと思います。

ペッカネン氏も指摘していますが、そのような状況の背景には、予算規模の面でも人員の面でも規模が非常に小さな団体が多いことがあります。これは筑波大学にいらっしゃった辻中豊名誉教授[*2]のグループが非常に詳しい調査をされていて、予算でいうと年間500万円未満の小さな団体が多いということです。予算規模が小さいと、専任のスタッフ、特に専門性の高いスタッフを雇うことはままなりません。それが最近は少し変わってきているらしいとのことですので、ぜひ今日は安部さんにお話をうかがいたいです。

もう一つ言えることは、1998年に作られたNPO法は、法律としてかなり成功したと私は思っています。NPO法の下で作られたNPO法人は、2022年時点で約5万団体あります。24年間で5万団体にまでなったということは、非常によく活用されている制度だと言えます。これだけ多くの団体が草の根で活動を行っていて、様々なノウハウを持っているにもかかわらず、そこから提言が出てこないことはもったいない話だと感じます。

関西大学の坂本治也教授[*3]が、メディアとNPOの関係性が近いという話をされています。坂本教授の調査によると、1年間の新聞記事を検索してみると、労働組合について言及している記事よりも、NPOについて言及している記事のほうが多いという結果でした。メディアのNPOへの注目度が非常に高く、関係も良好だということです。つまり、潜在的に政治的な発信力がNPOにもあると思われます。ところが、そこが生かされていない状況があるように思います。

竹中　ありがとうございます。ＮＰＯ法制定後、24年間で5万団体にまで急速に増えたということなのですね。

安部　そうですね。一方で、最近はピークアウトしてきているとも言えます。ＮＰＯ法人は廃業の手続きの手間が大きいので団体数は積み上がりやすい。ですから、5万という数字はあくまで一つの目安と捉《とら》えるべきでしょう。5万件ということは、コンビニエンス・ストアと同じくらいの数ですからかなりの規模感です。でも実際は、活動を実質的に停止している団体も少なくないです。背景には事業承継の難しさがあり、初期の世代のＮＰＯには次世代への引き継ぎの課題が出てきています。

日本の近年の社会運動の歴史には、フタコブラクダのように大きな山が二つあります。一つの山は１９９８年のＮＰＯ法成立を機にした市民活動からの鞍替《くらが》えです。ＮＰＯ法ができたことによって、公告期間など半年間のプロセスを経ることで公的承認を受けて団体として機能できるようになり、法人として活動の幅が増えました。ＮＰＯ法という受け皿ができたことで、もともとあった市民団体が一気に法人格を取得したわけです。

もう一つの山は、2000年代半ばに盛り上がったいわゆる社会的起業です。この時に事業系のNPOが一気に増加しました。実はNPOのセクターにおいても、「市民団体系」と「事業系」は異なるカルチャーで存在しています。そしてこの二つの間のコミュニケーションが少ないのも課題です。

NPOセクターの活動基盤は少しずつ成熟してきていると思います。例えば、2017年に事業系NPOを中心としてできた新公益連盟[*4]や、日本財団系のNPO、経団連系の団体などが、公益活動のノウハウ共有や連帯しての政策提言、あるいは公益活動に活用できる財源を調達したり分配したりする役割分担を行うようになりました。また、2011年の東日本大震災も大きな転換点となり、政府からの受託事業なども合わせると10億円以上の事業規模のNPOも出てくるようになりました。さらには一部の団体では個人寄付の大規模化にも成功し、活動する資金のベースが底固いものになりつつあります。

竹中　フタコブラクダの話の際に出た「市民団体系」の団体と「事業系」の団体は、それぞれがどのような機能を果たしているのでしょうか。市民団体系の団体は政治的な動きをしている人が多いのですか？

安部　僕の世代から見ていると、政策的な機能よりも、上の世代のコミュニティの機能を果たしている、と感じます。その機能は地域や社会的資本の観点から重要です。彼らが行っている活動は環境保全や地域貢献のための団体など主旨は多様ですが、やはり草の根の活動が多いです。皆さん、長く続けてこられて本当に素晴らしいですが、そうした団体は事業承継がなかなか難しく、高齢化が進んでいても若い世代が入ってきていません。資金もなく、活動はあれども、事業性があるわけでもありませんから、新しく入ってくる若い世代にとって議論の土台も作りにくいところがあります。

竹中　事業系の団体は主にどのような活動をしているのでしょうか？

安部　事業系も市民団体系と同様に活動分野は幅広いです。もともとNPOは活動分野が決まっていますが、[*5] 福祉の団体もあれば、地域活性化、介護、子育て、環境問題の団体もあります。テーマには多様性がありますが、それを事業化できるか、政策に対する影響力

column

日本における市民社会組織（CSO）

「市民社会組織（civil society organization：CSO）」は社会のニーズに応える自発的な非営利、非政府の民間組織のこと。一般的には、政府、企業に対する第三のアクターと定義されている。日本でも国内、国際の多様多岐にわたる分野で活動しており、町内会のようなもともと日本社会に存在した任意団体も広義の市民社会組織に数えることができる。日本の場合、国際協力の分野で活動する非営利・非政府の団体は1960年代にその萌芽《ほうが》があり、1970年代後半のインドシナ難民受け入れを契機に活発化、1990年代には約8万の財団・社団法人、任意団体を数えた。しかし、その多くが法人格を持つことを厳しく規定する明治時代に制定された民法により制限される社会的に認知されない団体だった。さらに他国に見られる民間活動を推進する税優遇制度も最小限度にとどまっており、約2万4000の法人の内、1000弱にしかその資格が付与されていないなど、民間団体が発展する阻害要因となってきた。

1995年の阪神淡路大震災は、硬直した行政支援でなく迅速に活動支援を行った市民団体、ボランティアが初めて脚光を浴び、「ボランティア元年」と言われたように日本のCSO飛躍の大きなきっかけとなった。1998年にはこれを機に、市民団体がより簡便・迅速に法人格を取得し、公益的な活動を円滑に行うことができるようにするための法整備を求める動きが市民団体やNPO議員連盟を中止に高まり、議員立法によって特定非営利活動法人促進法（NPO法）が成立・施行された。その動きは民法改正を導いた公益法人制度改革につながり、2008年、それまでの「社団法人」「財団法人」「中間法人」が、「一般法人（社団・財団）」と「公益法人（社団・財団）」という法人格取得要件の異なる四つの法人格に整理され、公益法人には免税資格が付与されることになった。これにより、市民社会活動を法人として行う選択肢の幅が広がり、現在は、公益法人（社団・財団）（約9700）、一般法人（社団・財団）（約7万5000）、NPO法人（約5万）、社会福祉法人（約2万）等に加えて法人格を持たないボランティア団体がいわゆる「市民社会組織（CSO）」を構成している。社会の多様性を反映し、従来の活動に加え社会起業家、若い世代を中心にNPO法で定める20の活動分野を超える様々な活動が展開されるようになっている。

［文＝勝又英子（日本国際交流センター）］

をどれだけ出せるかは、団体の経営や運営能力、あるいは代表者の能力に紐づいています。

竹中　事業系の団体が出てきたことによって、民主主義のあり方にどういった影響があるとお考えですか？

安部　経済的なインセンティブとは別のところで運動を行うことは、民主主義においてとても大切です。本来的に、市民団体系の活動は民主主義の真ん中とも言えるでしょう。ですが、継続性や他者との関わりを作るためには、戦略性とその戦略を支える中核人材のクオリティが重要になります。そして、それを確保するためには、皮肉なことに事業性が必要になります。

例えば議員立法の政策立案をする場合、議員の代わりにある程度の素案を我々市民団体側が書くことになります。そのためには、官僚と対等、あるいはそれ以上に現場の問題やデータを持っている状態でないと政策を実現はできません。ですから、市民団体の人材に求められる能力の水準は非常に高くなります。しかも政策を作ろうと思っても、永田町や霞が関には政策の窓が開く時と開かない時があるわけです。10回トライして1回成功するかどうかといった感じですが、10回トライできるということは組織に体力があるということです。代表者のカリスマ性や共感されやすいテーマ設定といった点から、優秀な人が集まる仕組みが揃っている組織もあります。こういう、ボランタリー人材も含めて常に人が集まる団体ならば継続してチャレンジがしやすいです。一方で、そのような人材の流動性を確保していない場合は中核的な少数の人材が専門性を高め、その力を発揮しながら長い時間をかけて政策を変えるというプロセスになります。中核人材にも生活がありますから、そこにはやはり基礎体力としての事業性が必要になってきます。政策立案能力においても、問題解決のサービス提供能力においても、今は事業系の団体の存在感が大きく見えます。

竹中　林先生のご著書『メディア不信』（岩波新書）を読ませていただきました。ご本の中で、メディアは市民社会のほうをあまり向いていないのではないか、とご指摘をされていました。一部の新聞社は市民団体との親和性があるのかと思っていたのですがそういうことはないのですか。

林　何をもって「市民団体」と定義するかにもよると思います。世界との比較をすると、例えばニュースソース（情報源）を分析していくと、日本では市民は多いかもしれないですが市民団体が情報源となることは少ないです。

先ほどの安部さんのお話で面白いと思ったのは、政治的な運動をしている人たちを「市民団体系」、政治的ではない活動をする人たちを「事業系」とおっしゃっていたことです。「事業系」は政治的な意見を持たないということでしょうか。特にフタコブラクダの二つめの事業系は、政治的な意見を持つよりは実務的に政策立案をしたり、官僚と協力して今ある枠《わく》の中で必要なことを導入したりすることが大切であり、政治をどう語るかとか、民主主義にどう貢献をしていくかについては、事業系の仕事ではないと考えられている──そういう理解でよろしいしょうか。

竹中　林先生が捉《とら》えていらっしゃる市民社会とはどういったものでしょうか？

林　市民社会や市民団体というのは「シビル・ソサエティ」のことだと思いますが、シビル・ソサエティとは、経済的な活動でも政府や国家でもない立場で、社会を自分たちで良くしていこうとする人たちやその集まりだと思っています。そのなかには政策提案をする人もいれば、コミュニティの中で毎日駅前の掃除をする人もいます。

先ほどご質問のあった、メディアと市民団体との関係の話に戻りますと、例えば、東日本大震災の発災から数週間のテレビのニュースについて、日本、ドイツ、アメリカの代表的ニュース番組の調査を行いました。すると、日本は政府を情報源とするものが多く、それ以外は、一般人の声でした。市民団体を情報源としたものはほとんどありませんでした。

それに比べると、ドイツは自国の災害ではないにもかかわらず、色々な市民団体の声を情報源としていて、それらが政治家の声と重なって、政治的課題になっていきました。こうした声の提示の仕方はドイツ特有なのかもしれませんが、市民団体にも政党と近いイデオロギー性があるのです。市民団体というものを考える時に、そういう政治的な考えをなくして、環境問題などの実行団体を指すということであれば、私の理解する「市民団体」とはまた違う感覚だなという気がしました。

安部　今、林先生がおっしゃったことはいくつかの点から興味深いですね。一つに、日本における旧来からの市民活動系の特徴が、ドイツでいう「イデオロギー系」に近い団体の場合が多いのだろうということです。一方で、一時期、新興の事業系の団体の人たちの間でも、政党を作ろうといった話も含めて政治的に動いた時期がありました。事業系側の考え方として、政策は立てただけでは実現されず、具体的に実働する民間との協働によってしか実証事業やその先のサービス提供はできないというものがあります。政府側も具体的に動いてくれるプレーヤーを求めていますし、実際に政策立案と実行というのは循環しています。この循環を理解していない提言では政策側は窓を閉じてしまうので、それゆえに、実行能力が重要になるというのが事業系の人たちの考え方です。その意味では市民団体系も事業系も政治性は一定程度帯びていますが、アプローチは異なるということかと思います。

また、市民団体からの情報を引用しているメディアが少ないことについては、二つの問題があると考えています。僕は自分がマスメディアのコメンテーターとしての仕事もありますし、自社でもメディアを持っていますから、それぞれの立場の葛藤が理解できるのですが、そもそも日本は政府や警察などの公的機関の発信をそのまま右から左に流しているような、ある種大本営発表を受けて報じているマスメディアが未だに少なくないです。記者クラブも同様です。ですから、単純にメディアの社会事象に対する構造的分析能力が足りていないということがあります。もう一方で、市民団体側も活動はあれども実は提供できるほどデータとして整えたものをあまり持っていないという課題もあります。問題提起にはそれを裏付けるデータがあるとメディアはより取り上げやすいのですが、それが不十分である、と。メディアと市民団体の双方に課題があるのかな、と思いました。

竹中　今回は市民社会を定義せずに議論に入ってしまいました。民主主義の研究者であるラリー・ダイアモンド[*6]の授業や指導から教わったことを私なりに理解すると、市民社会は次のように定義できると考えています。すなわち、市民社会とは国家から人的にも財源的にも独立している組織で、公的な事象に関わる組織の集合体であると言えるのではないかと思います。市民社会が民主主義とどのような関係があるかについては、次のように考えることができるのではないでしょうか。一つは、政府はすべての事象をカバーしきれないので、市民社会が公的な活動によって政府を補うことで国民の満足度を高める。二つめは、市民社会を運営する上で、議論や多数決などを通して参加者たちが民主主義に慣れ親しんでいく。そして三つめが非常に重要なのですが、市民社会による権力監視の役割です。ともすれば民主主義社会においても国家が情報の収集・発信の面で個人に対して優位に立つことになりがちです。しかし市民社会の人たちが公的な活動に自ら関わることで、政府が発信している情報と、自分たちが実際にやってみることに違いがあるかどうかがわかり、政治家と政府に対してモニタリングができる、権力監視の役割を果たせるようになる、ということです。ですから、市民社会は民主主義を定着させ、維持していく上で非常に重要だと言われています。そういう意味で、日本の市民社会組織というのはどうでしょうか。

林　市民社会とは国家から人的にも財源的にも独立していて公的な事象に関わるものということでしたが、加えますと私の理解では、市場経済からも切り離されていることが市民社会を考える上で大事なポイントでした。しかし、今の社会ではそれはもうないということでしょうか？

例えばアメリカの調査報道NPOにプロパブリカ[*7]という団体があります。あの団体の編集長は高額の給料をもらっていて、おそらく日本のメディア企業の社長よりもはるかに高収入ですが、非営利の機関だから問題ないのだと言っています。もちろん禁欲的になる必要もないのですが、経済原理、市場原理から切り離されたところで市民社会は活動するものだと私は理解してきましたが、それは古い考え方なのでしょうか？

安部　おおよそ出ている結論は、市民活動、市民社会においても専門性は重要で、そしてそれは長期の活動によって深まり、またそれは事業性によって支えられることが多いということです。例えば、市民社会では多くの人たちが自主的に連帯していくことを前提にしていますが、想いがあるからこそコミュニケーションのなかで人と人はすぐに揉《も》めてしまいます。そこをスムーズにやりましょう、前向きに大きな社会の変革を起こしていきましょう、となった時にはある種のマネジメントにおける専門性が必要です。その専門性をどのように養成し、それを担う人はどうやって食べていくのかということは重要な論点です。

また、寄付であれば市場原理の外にあるかというと、世界的に見てもまったくそうではありません。プロパブリカの場合は少し特殊です。彼らには立ち上げ時に二人の資産家がいました。彼らは大口の資金を提供していますが、一方で自分たちに批判的な記事の可能性も含め調査内容に関しては口を出さないことを編集サイドと約束しており、それを条件に有名な記者たちが参画して作られました。特定の人が非常に大きなお金を出すが、一方で口は出さないという状況は、海外の事例であっても珍しいといえます。このような例外的に不干渉を貫ける大口の資金支援者の存在を前提としないならば、資金調達面で工夫が必要です。市民性や社会性をもたせる意味でも、多くの支援者から少額のお金を集める必要もあります。そして、寄付を市民から集められている団体は実際に高いマーケティング能力を持っていますし、大きなＮＰＯは広告への投資もしています。その意味で市民社会は市場原理に現実として接続してしまっていますし、もし接続しない形式でやっていくならば活動の中核となる人がどうやって飯を食べていくかという問いに別の答えを出さなくてはいけません。

林　実態としてはわかる気がします。ただ理念としては、お金のことを考える人がその団体の中にいるとしても、市場原理からのファイアウォール（遮断するための壁）があって、市場原理ではカバーできない活動をする。私はそれを市民活動、市民団体の定義の一つだと考えてきました。

先ほど安部さんがおっしゃった「専門性」という言葉も鍵だと思います。専門性というものは19世紀から、市場原理からのシールド（盾）として機能してきました。専門知とは社会の発展に寄与する公共的なものであり、お金で買うことができないからこそ専門知として尊ばれる。また、そこから社会的責任も発生する。したがって、弁護士会や医師会など、職業団体は、高い職業倫理を定めて活動しており、社会もそれを期待しているわけです。ジャーナリズムもそのような専門職という面がありますが、今ではネットの普及でだれもが情報発信できる時代となり、専門職の輪郭がぼやけてしまいました。いずれにしても、専門性ある職業は高い倫理観を備え、公共性をもっているわけですが、それらをキープするためには経済原理からのファイアウォールがないと担保できないのではないか。そう考えられてきました。

竹中　先ほど私が申し上げた市民社会の定義では、公的分野に関わるという部分で一応は市場原理からファイアウォールしていると思います。

林　それが定義に入っているから良いということでしょうか？

竹中　良いと私は理解しています。その上で、優秀な人材を集めるためには、資金基盤がある程度しっかりしていないといけないという問題は当然あると思います。皆さん、霞を食べて活動しているわけではありませんから。日本では事業系の団体が出てきていますし、アメリカのビジネススクールではＮＰＯのマネジメントコースといったものがあります。

安部　竹中先生の意見に賛成な上で付け加えますと、２０００年代半ばの事業系ＮＰＯの流れだけでなく、その後の10年を見るともう一つ新しい流れがあって、それはスタートアップとの人材獲得における競合です。創業者的な人材、ソーシャル・アントレプレナー（社会起業家）の取り合いや、中核メンバーとして働く人々の獲得競争が起こっています。これは非常にシビアな戦いになっていて、事業系のＮＰＯも15年ほどで待遇が改善し、昔は平均13万円ほどだった月収、言い換えれば２００万円未満の年収が、今では事業系団体の多くが職員に３００～４００万円の年収を支払えるようになってきています。団体によっては平均年収５００～６００万円くらいで大企業に近づいてきているところもあります。

一方で、市場原理の中にいると言われるスタートアップのセクターの人たちの成長はより早く大きいものでした。また、彼らはこの10年で、スマホゲームの事業をやるよりも社会課題を解決したい、という志向に変わってきました。もちろん我々としてはそういう方向に働きかけ、民間セクターからの課題解決を促してきたのですが、一方でそれが一定の進捗を見せたために、社会課題解決という文脈での人材獲得競争が生じています。

スタートアップのプレーヤーたちの進歩がＮＰＯ業界の進化よりも早かったので、若い世代からの社会的な課題解決のための問題提起や動きが、この10年ほどでスタートアップ側にかなりとられてしまいました。また、社会課題解決の公的なアジェンダ（検討課題）を掲げつつも市場原理で動くプレーヤーが出てきた時に、彼らを「ソーシャルセクター」と呼ぶか否かはグレーな状態になっています。まさに林先生が問題提起されたような、市場原理と公共の関係についての話です。これまでは何となく分かれていたのですが、実際はこの10年でかなり溶け合っています。溶け合うことは必然の流れだと思いますが、どこまでが公共性のあるもので、どこまでが市場原理の動きなのか判断がしづらくなっています。そのグラデーションを学術的に整理することの重要性が高まっているタイミングだと思います。

鹿毛　学生を見ていると、まさに安部さんがおっしゃるようにソーシャル・アントレプレナーシップというような感じで、企業とNPO、市民社会的な活動の重複領域に関心のある学生が多いと感じます。身も蓋《ふた》もない質問になってしまいますが、給料が支払えるようになったという時に原資は国からのお金になるのでしょうか？

安部　我々の例で言うと、ポートフォリオ（収益の構成）をかなり幅広くしてあり、一般の方々から月額1000円もらっている事業もあれば、学校から教育旅行の費用としてお金をもらっている事業もあります。子どもたちを社会問題の現場に連れて行くツアーはおよそ一人7000円ですから、一校で100人が参加すると代理店への手数料を引いて学校側から60万円くらいが支払われます。さらには企業向けの研修や社会問題領域での事業開発のコンサルティング、省庁や自治体からの受託、研究機関や財団などとの事業もあります。我々ほどポートフォリオが広い団体は少ないとは思いますが、多くのＮＰＯは収益源の分散が大事であることをよく理解しています。ＮＰＯには収入の黄金の三角形というものがあって、３分の１が自主事業、３分の１が財団や国からの助成金、３分の１が寄付です。要するにそれぞれを33％ずつで運営していくと、特定の団体や業界の意向におもねることなく、正しく公共性を引き受けられる財務基盤ができるということです。

竹中　こうしたことは他の国に対してどのように参考になるでしょうか？　日本で起きていることは他の国でも起き得るのでしょうか。鹿毛先生は先ほど政策提言系が少ないとおっしゃっていましたが、それはなぜなのでしょうか。

鹿毛　政策提言をするための人材を雇える元手がある団体が少ないということだと思います。安部さんがおっしゃるように近年は人件費が出せるようになっているのだとすると、政策提言能力についても市民社会の中で強化されてきているのでしょうか？

竹中　要するに、実際に活動するなかでこうした政策を行ったほうがいいという意見が出てきて、霞が関あるいは議員にロビーイングをする。そして最近は給料を出せるようになってきているので元官僚も雇えるようになり、政策立案能力が市民社会側で高まってきているということでしょうか？

安部　高まりの兆《きざ》しが見えているところです。一定の事業規模になると元官僚などを採用できますが、実際には今のところ限られた団体しか難しいと思います。というのは、官僚側も課長補佐や課長クラスにまでなった人でないと良い政策は作れません。そうなると30代半ばから40歳くらいになっていますから、家族もいてそれなりの年収がないと生活していけません。その給料を出せる団体は限られていると思います。今はまだ兆しがあるだけです。ただ我々の話で言えば、自治体職員や国の官僚が転職するという事例は増えてきています。また、元官僚などがパートタイムで関わる事例も出てきています。

ロビーイングや政策立案能力に関しては、総体的に見ることが大事です。政策は最初から完璧なものとして立ち上がらないことも多いので、国と自治体の間で運用上の空白領域ができてしまう場合が多く見受けられます。この空白領域の埋め合わせを行うことも政策立案や実行の一部です。この5年ほどで新興のソーシャルセクターが既得権益あるいは旧来的な制度を変革していく事例が出てきているので、政策提言の実効性は少しずつ高まってきているという感じです。

竹中　鹿毛先生は日本の市民社会についての比較研究をされていますが、他国にとって日本が参考になるのはどういったところでしょうか？

鹿毛　NPO法という仕組み自体は参考になると思います。それまでの枠組《わくぐ》みと比べると煩雑《はんざつ》でない手続きで法人を作ることができ、作った後も毎年ややこしい書類を提出しなくても活動を続けられるという意味では、使い勝手が良い仕組みであり、他国でもじゅうぶん参考になると思います。

竹中　林先生への先ほどの質問の続きになりますが、市民社会がニュースの情報源になることが少ないのは、メディア側の問題なのか、あるいは市民社会の活動量が少ないから引用できないということなのでしょうか？　アメリカの場合はしっかりとした資金基盤があって人員もいるから、積極的にメディアに発信していこうという人が多いのではないかと思います。

林　両方だと思います。鹿毛先生が政策能力まで追いつかないとおっしゃっていましたが、規模が小さくて提言が出てこないような市民団体はたくさんあります。一方メディアは、政府が動けばそれに対して非常に細かく正確に取材をしますが、自分たちで先駆けて社会の課題を発見し、調査しようとする機動力はますます弱っていると思います。とくに「政治取材」は記者クラブ中心で、起こっている政治の事象を後から追いかけるというスタイルになっています。だから、市民団体とは関係のないニュースが多くなり、引用されることもない、という悪循環になっているのだと思います。

竹中　以前ご一緒させていただいたアジア・パシフィック・イニシアティブ（ＡＰＩ）のプロジェクトでも、問題発見型のジャーナリストを育てよう、と林先生はおっしゃっていました。問題発見型のジャーナリストが日本で少ないのは、市民社会との連携が薄いということもあるのでしょうか。

林　安部さんがジャーナリズム部門を持っていることは象徴的だと思います。結局、解決しなくてはいけない新たな社会的課題にマスメディアが追いついていないのです。企業家と市民団体が近付いていているという話がありましたが、実はジャーナリズムと市民団体も近付いていています。例えば、介護の問題、非正規労働の問題、「不法滞在」の問題など、現在、色々話題になっている問題がありますが、市民団体で活動している人たちは実践をしながら、この問題については誰よりも詳しい。そうなると、その人たちがニュースを書けるようになってくるわけです。ジャーナリズムは、例えば衆議院の解散時期とか、選挙報道で当選予測を出すとかいった「大きな政治」問題は得意ですが、育児や介護など、身のまわりの小さな政治課題には鈍感だったりする。「政治」には色々な定義があるのに、「大きな政治」にのみリソースを投入してしまっているので、市民社会へのカバー力が弱いのです。

竹中　市民社会とジャーナリズムの課題が両方とも浮き上がってきて興味深いですね。そのなかで他の国に参考になるようなことはあるでしょうか？

林　日本のメディアは規模も大きく、そして安定しています。記者クラブなど、ニュースを出す体制が確立している。特にNHKは、災害時には正確性と速報性を両立させた最強の報道体制が組まれます。また、国によっては、政権が代わるごとに公共放送の会長も変わって、ニュースの選び方や内容までがらりと変化することがあるので、不安定なところがあります。これに対して、日本では、たとえおかしな人がNHKの会長になっても、本体は確立した制度のもとに運営されているという点が特徴です。逆に言えば、日本のメディアはそれだけ現状の体制から変わりにくいということでもあります。

日本社会における多様性と民主主義

竹中　市民社会についてては、特に最近の話をおうかがいできて勉強になりました。次に、多様性の話をしたいと思います。世界経済フォーラムが[*8]2021年3月に発表した「ジェンダー・ギャップ指数2021」の中で日本は120位と低い評価をされています。また、移民受け入れに消極的な政策を取ってきました。鹿毛先生はこの現状についてどのようにお考えになっていますか？

鹿毛　多様性は、ある意味日本の民主主義のアキレス腱になるのかもしれません。例えば２０２１年の衆議院議員総選挙の女性候補者の比率は17％しかありません。２０００年の総選挙の時も15％ほどでしたので、この20年でほとんど増えていないのです。参議院はもう少し高くて約28％ですが、２００１年の参議院議員選挙の時は27％ですから、これもこの20年であまり増えておらず、止まってしまっている感じがします。

男女の議員によって政策関心が異なるという話がありますから、もう少し増えていくに越したことはないと思います。特に女性にとって、政治というのはある意味で入っていきやすい領域です。というのは、日本はキャリアを中断している女性が非常に多いわけですが、政治はキャリアを中断した人が参入しやすいという面があります。非常に高い能力があるにもかかわらずキャリアを中断している人は、男性よりも女性のほうがたくさんいるはずなのです。その点、地方選挙における女性の比率は、都道府県にもよりますが上がってきています。その辺りのことを論文の共著者のフランシス・ローゼンブルース先生[*9]、田中世紀先生[*10]と一緒に調べてみたのですが、例えば「家事の負担の肩代わりをしてもらえたら選挙に出ますか？」というような聞き方をすると、「それなら出ます」と答える女性が結構いて、家事負担の重さが一つの足枷《かせ》になっているという調査結果が出ています。地方議会のほうが国政よりも女性議員比率が高いことも、女性は東京に出て行くことがなかなか難しいということが背景にある感じがします。

移民については、他の先進諸国と比べると数は少ないですが、少なくとも新型コロナウイルス感染症が始まるまではかなりの勢いで増えていました。2000年で人口の1%、2020年には2%になっていますので、この20年で倍になっています。2%という数字は他の先進国に比べると非常に低いですが、増え方としては同じ時期のアメリカよりもペースが速いです。アメリカは数字に表れない人も結構いますから、単純に比較していいのかわかりませんが。これだけのペースで移民が増えてきているなか、アメリカやヨーロッパ諸国で出てきている反移民、極右政党のようなものが日本では勢いを増していないことは評価していいことだと思います。

私たちも調査をしていますが、「移民の受け入れを支持しますか？」と聞くと、「積極的に受け入れたい」と言う人はどの国でも多くありませんが、「嫌だ」と言う人は他の先進国諸国と比べると日本は目立って少ないということがあります。そもそも移民の数が少ないということもありますし、もう一つには少子化による人手不足の問題があるので、人手不足のままでは大変だ、と現実的に考えている人が案外多いのです。今移民は人口の2％ですが、もう少し増えていく余地があると思います。さらに見ていくと、建設業や製造業、コロナ禍以前には飲食業や宿泊業といったいわゆる人手不足の産業で、「非熟練労働の移民を受け入れても良い」と答える人たちが比較的多かったです。人手不足の状況と、移民の受け入れを許容している人たちが連動しているという面があります。ただ、コロナ禍以降の2020年の9月に一度調査をしましたが、2016年に行った調査と数字がほとんど変わっていませんでした。移民を受け入れても良いと思っている人、あるいは反対する人の比率が、2016年と2020年9月でまったく変わらなかったことは興味深い現象だと思っています。

竹中　日本で女性の国会議員が少ないのはなぜなのでしょうか？

鹿毛　小選挙区をメインにした選挙制度は、比例区メインの選挙制度よりも女性が出にくいということはよく言われます。小選挙区はまめに選挙区サービスをやらないといけないので、女性にとっての負担が非常に重いのです。比例区は政党レベルで闘いますから、選挙区をくまなく回って絶えず選挙区民サービスをやらないといけない状況ではありません。

竹中　比例の場合は、政党側が女性の比率を何％にしようと決めたら、その通りにある程度できますね。国会議員の女性の比率も上がっていませんが、東京大学における女性比率はどうなのでしょうか。私が在籍していた頃の東京大学法学部は、６６０人の定員で女性の数は60人程度にとどまっていたという印象を持っています。林先生、東京大学のダイバーシティはどのような状況ですか？

林　大変ですよ。女性の学生の比率を20％から30％に上げたいのですが、それだけでも大きな決断です。皆さんから見ると、なぜ10％しか増やさないのか、50：50ではないのかと思われると思いますが。女性の教員についても、割合を25％まで上げることを数値目標にしました。しかし、クオータ制は作っていません。25％というのも少ない数字だと思われるかもしれませんが、このような施策に対しても、内外から異論が出るのが現実です。

政治の世界もそうだと思いますが、日本で何か女性を対象にした対策をしようとすると、

「逆差別」という話が出てきてしまいます。現在の社会が平等だという思い込みと、無意識のうちにそれを変えたくないという執念のようなものがあるのかもしれません。外国人に対しても、差別はしないと言う。けれども、その条件は、外国人であっても、日本語が使えて、日本人と同じように振る舞い、資格を取ること。そうした上でならば、皆平等だし、その多様性は良い、といったような理解が社会の中にあるように感じています。

竹中　国会議員については、上智大学の三浦まり先生[*11]は、クオータ制（パリテ）にして一定の女性議員の数を確保するようにすべきであると論じられています。放っておいたらなかなか増えていかないということです。

林　私もクオータ制にはいい面がたくさんあると思います。ですが、それを導入することで、導入の是非に議論が集中する可能性が高く、結局は目標にたどり着く前に、手続き論だけで倒れてしまうことを恐れます。ただ、アメリカは、プリンストン大学もイェール大学も、共学化したのは1969年で、その後、クオータ制など色々な対策を実施して、今では男女半々になるまでキャンパスの風景を変えてきました。すごい努力だなと思います。

竹中　アメリカの大学はクオータ制によって男性と女性が50：50になっているのですか？

林　様々な施策を行ってきました。クオータ制も女性に対してだけではありません。

安部　東京大学は国内のトップの大学として象徴性が高いからこそジェンダー・イシューに対して大きな変化が必要ですが、その意味でももう一つ考えないといけないのは地方出身の学生です。東京大学は今や関東のローカル大学[*12]になりつつあって、全国の学生が集まる大学ではなくなりつつある。その背景にはこの国の貧困化の影響が大きくあります。地方の学生は下宿なども含めてより経済的に厳しいですから。そして都市部の中でだけ女性の機会平等を是正した結果として東大の女性比率が向上していく、という方向になってはいけないとは思います。アファーマティブ・アクション（積極的な差別是正策・優遇措置）を行うのであればその視点をちゃんと入れた形で運用していくべきでしょう。

また、先ほど出てきたアファーマティブ・アクションに伴う瞬間的な逆差別は避けられない話でもあるので、きちんと説明を果たした上で実施する必要はあると思っています。

ジェンダー平等に限らずあらゆる変化を後回しにしてきたこの国の30年への振り返りと

いう意味では、大きな転換は、全体が成長フェーズに入った分野やタイミングを逃さず行うべきです。

例えば政治全体を見てもそうです。若い世代と高齢者世代のどちらにおもねるのかを考える時、今後のこの国のことを論理的に考えたら間違いなく若い世代でしょう。過去を振り返れば、どこかのタイミングで若い世代への投資のための原資を生み出せる仕組みを入れておくべきであった。例えば、年金の支給の年次と平均寿命が連動するなどの仕組みなどです。そもそも年金とは長生きに対する保険で、当時の平均寿命が60歳とか65歳だったわけです。現在の平均寿命は80~85歳ですから（2022年の平均寿命は、男性が81・05歳、女性は87・09歳）、その頃に年金支給を開始すればいいはずです。でも制度が硬直化した今のタイミングでこれを変えるのは相当難しい。現実には多くの高齢者の生活を脅《おびや》かしますから。もしやるならば過渡期として例えば貯金のない高齢者にキャッシュで1000万円ずつ皆に渡す、みたいなことが必要になる。1人1000万円として高齢者が3000万人、貯金がないのはだいたい3分の1ですからそこに配るとなると100兆円のお金がかかります。そのお金をどうするのかという議論は成長フェーズでないがゆえに議論の俎上《そじょう》に載せづらくなっている。

竹中　日本が今、成長フェーズに入ることは難しいですから、その場合はどうすればいいのでしょうか？

安部　一つは、非常にニッチな分野で出島《でじま》的に成長フェーズを作ることです。小さなテリトリーを作って、そのなかで成長フェーズを作って変革をしていく。そして、その変革が進んだ事例を別のところに当てはめる、という展開をしていくしかないと思います。

竹中　安部さんは、日本は多様性の問題を解決しようとしてきたとお考えですか？

安部　男女共同参画や国際化という大きな介入が必要なテーマに対しては、問題解決が非常に遅れています。ただその手前にある、「多様性」という言葉の使われ方も議論しておきたいです。というのも、多様性という言葉には実際の運用において2種類の使われ方があると思っているからです。ホワイトリスト的なものと、ブラックリスト的なもの。例えば「うちの会社は多様です」と言った時、「牛さんやカエルさんもいて、多様性を大事にするいい会社なんですよ」という会社は見たことないですよね。実際に「多様性を大事にする会社」という言葉で想像するのは外国人のスタッフがいるとか、女性比率が高いとか、そういったことです。これは理想型を提示するというホワイトリスト的な考えです。ただ、本来、多様性を許す制度論とはブラックリスト的な考え方で、「この部分だけは守ってください。後は何をしてもオッケーです」というものです。守るべきところ以外は非常に分布が多様である、というのが望ましい多様性のあり方だと思います。ただ実態として多様な分布にならない場合があるので、介入が必要になる。だからこそそのホワイトリスト的なアファーマティブ・アクションだと思いますし、その意味では支持はしますが、あくまで時限的ではあるべきでしょう。

同調圧力が強い日本において、多様性を許容する素地があるのかという意味では、実は制度面においては冗長性（許容範囲の幅広さ）があると思っています。むしろ、同調圧力に頼って解決できるが故に制度的にはかなり許容できる幅が広い。例えば、障害者向けに就労支援施設というものがありますが、これは障害者自立支援法という法律をベースに、障害を持っていても働くことによって社会に参画することが大切だ、という考え方に基づいています。その思想をベースに制度が作られ、たくさんの税金が投入されて障害者支援施設は成立している。ところが施設によっては、「就労なんかさせる気はない、だけど仕組みは使ってお金は受け取る」というところもあって、ここにはある種の多様性というか包摂性を感じるわけです。障害者の社会参画のかたちは必ずしも就労だけではありません。そもそも障害という概念が社会の生産性というところから逆算して考えられている概念であり、就労でなければ障害者は社会参画できないというのは、障害の定義からすると絶望的にすら見えてしまう。しかし一方で民間の費用だけで就労以外の社会参画を前提とした障害者支援をするのは相当難しい。就労支援施設という名のもとにリソースを集めておきつつ、就労支援ではないことをする施設を許容できているという制度面での冗長性は、他の領域でも見られることで、日本の特徴かもしれません。

これは仕組みが複雑だからこそできることです。複雑だからこそハックしたり色々な言い訳が効いたりするのであって、シンプルでわかりやすい仕組みでは基本的に冗長性が出づらくなります。市民社会において多様性が実現されるのは、同調圧力が強いが複雑な社会システムであり部分的にそこで冗長性を担保するパターンと、シンプルな制度だが市民の文化的な寛容度で担保する場合というのに分かれると思います。日本は前者の多様性獲得の道を辿《たど》ってきたとは思いますが、一方で制度論的な冗長性を担保できない二元論的なテーマは苦手です。その二元論的なテーマの代表例が、男女共同参画や国際化という大きな介入が必要なテーマであり、そこに対しては決めることができず、改善が遅くなっているということだと思います。

以前、韓国のメディア関係者と話していて面白いと感じたことがあります。韓国のメディアは大きな二つのアジェンダを成し遂げたという話でした。一つは市場開放、そしてもう一つは民主化です。彼らから、「日本のメディアはマスメディアも含めて、この50年、１００年で大きな成果として何を成し遂げましたか?」と聞かれました。日本のマスメディアは実際そのレベルでは何も成し遂げていないように私には見えます。

日本社会におけるメディアの大きな役割は、変革というよりは皆の当たり前を作るという機能です。インフラとしてだいたい同じような情報が皆に行き渡るという機能を果たしてきたことだと思っています。それは、常に社会をロバスト（robust＝頑強）にする方向です。皆が同じことを当たり前だと思っていれば、変化に対してすごく抵抗の力が働きます。結婚はするものだ、女性は夫の氏になるものだ、という当たり前の部分が強化されればされるほど、変えることは大変になると思います。ただ、ロバストなものにする力学が文化面で非常に強い一方で、制度面で一定の冗長性が入ってくるので、そこで部分的な多様性を担保しているのだと思います。

竹中　メディアは当たり前だというものを広める役割を果たしているという今のお話は、林先生がおっしゃっていることと非常に通じるところがあると思いました。林先生は、多くのテレビドラマにステレオタイプな女性像が描かれているということもご指摘されてきましたね。

林　コマーシャルも性別による役割分業に基づいたステレオタイプのイメージを使う表現が多いです。あるいは、アイキャッチのためだけに女性を起用する安直な宣伝も後を絶ちません。よく、女性のモデルさんや俳優さんが製品を持ってにっこり笑っているような広告を見かけますよね。あるいは、テレビの朝のニュース番組で若い女性のお天気キャスターが登場して「今日のお天気は○○です〜」と、まるでアイドルのような素振りで気象情報を伝えている姿も気になります。このほか、「女子アナ」という言葉の使い方に象徴されるような、一人前の女性を「女子」と呼ぶなど、女性の役割イメージを固定する表現がそこかしこに使われています。安部さんがおっしゃったように、日本の社会全体が「それで良いのだ」と受け入れているとともに、メディアの幹部つまりは日本人の男性たちの「世の中はこうあってほしい」という欲望が映し出されているようで、それに大きな異議申し立てがないまま安定した社会が出来上がっている。全然発達していないのです。

竹中　男性優位の、また女性に一定の役割を期待するためのイメージの再生産が繰り返されて、その構図がずっと続いているということでしょうか。

林　「今のままでいいんじゃない？」と考えている人が多いということだと思います。そうした人たちに限って、話を聞くと、「最近の女性は優秀」とか、「実は女性のほうが優秀なんだよ」などと言います。こうした方たちは、女性に対して表立って敵対的な人というわけではないのです。ただ、日本社会の支配層、イコール高齢の日本人男性たちがいつまでたっても昭和の核家族――サラリーマンの父親と専業主婦の母親と子ども二人――というような幻想を理想として抱き続けて思考停止していて、安定の裏側にある変化を嫌う傾向が強いのです。

竹中　それは東京大学や国会議員の女性比率にもつながっているのでしょうか？

林　間接的にはそうだと思います。そもそも東京大学は女性の志願者が少ないです。たくさんの女性が受験しているのに不合格の女性が多いのであれば、それは教育の問題など、違う対策が考えられます。でもそうではなくて、女性として東京大学に入学した後のキャリアパスや将来が見えないから、志願者も少なくなってしまうのだと思います。例えば、東北大学、北海道大学、名古屋大学の医学部は、すでに半分ほどが女性の学生です。キャリアに関心があり、自立して生きていきたい勉強好きな女性は地方の医学部に行く。合理的選択だと私は思います。東京大学に入学して、リディラバの競争相手になるような起業をする女性は、なかなか現れません。

竹中　モデルとしてイメージしにくいから現れないのですか？　それとも先ほども指摘のあったように女性にステレオタイプの役割を期待するメディアや社会的価値観の影響なのでしょうか。

安部　各論で言うと、一人暮らしのコストが女性のほうが高いこともあります。地方から上京してきた時に、例えばマンションのセキュリティのことなどを考えても、東京で一人暮らしをして生活していくためのコストは男性よりも女性のほうが圧倒的に高いです。

林　そうですよね。東京都には徳島県や高知県などの県人会や財団などが運営する寮がたくさんありますが、かなりの施設は男性用です。東京大学が女性学生に3万円の家賃補助をすると言った時、批判されました。こういう時、メディアは首都圏にある安価な公営の寮のうち、男性寮が圧倒的に多いということも報道してほしいのですが、そういった報道にはならずにすぐに「逆差別」といった話になってしまう。

竹中　鹿毛先生、この状況はどうしたら変わるのでしょうか？

鹿毛　私が見ていて感じることは、例えば東京大学に女性の学生が2割しかいないという問題は、もう一つ手前から始まっている気もしています。いわゆる超一流とされる中高一貫の学校は軒並み男子校です。女子が行くことのできるエリート中学、エリート高校はすごく限られていて、そこから始まっているような感じがします。高校を卒業した時の学力に、男女でかなりの差がついてしまっているのです。東京大学でのクオータ制の議論ももちろん重要ですが、それと同時にその前の中等教育の段階で女子が超一流校に行けるようなかたちにしなくては、最後の大学レベルで辻褄《つじつま》を合わせようとしてもなかなか難しいような気もします。その辺りについて、林先生はどのようにお考えでしょうか。

林　幼い時から政治家になりたい、東京大学に行って企業家になりたい、と女性が目指したくなるような社会意識を育てるためにはどうしたらいいのかという問題に戻ると思います。入口の部分である入試制度だけではなく、竹中先生がおっしゃったステレオタイプという問題が非常に効いているところだと思います。

日本の女性は「女の子ですよ」と言われて生まれた瞬間から、「女の子らしく」生きることを期待される。そのステレオタイプとは違う人生を歩むと言える人は、かなり意思が強いか、生家が啓蒙された特権階級だと思います。

竹中　悲しいですが、出口のない議論になってきてしまいました。私は制度論者ですから、第3号被保険者*13など専業主婦を優遇するような国家政策を変えなくてはいけないと思っています。しかし専業主婦をしている有権者はかなりいますから、そこは反対されると思います。男性優遇で、専業主婦を想定しているような制度を徹底的に点検して、声高に変えようとするとおそらく抵抗が起きてしまいますから、静かに徐々に変えていくことが、遠いようで近道のような気がしています。女性の社会進出については、先ほどの１２０位という数字の捉え方の問題もありますが、他の国に参考になるようなことははたしてあるでしょうか？

安部　男女共に教育水準が高いという点は価値があるものでしょう。ただ、成人以降の社会参画面でのジェンダー・ギャップに関しては、日本が誇れるところはあまりないと思います。例えば、女性の雇用を進めようとしても非正規雇用での雇用ばかりが増えてしまっている点など、むしろ反面教師として参考にしてもらうのがいいのではないでしょうか。

林　世界調査で調べてみても、日本の大手メディア企業はどこもワークライフ・バランス的に優良企業です。大きな企業では産後休業や育児休業、時短勤務などの制度が非常に揃っています。もちろん、第3号被保険者のように日本は遅れているところがたくさんあると思います。ですが、例えばアメリカと比べると、保険が整備されているし、産後休業、育児休業、そして法律はないですがセクシャル・ハラスメントについて社内に相談する場所があるなど、かなり整備されています。ですが、これらが十分に活用されていないという現実があります。

竹中　そうなると制度論者の私は、より影響力がある制度があるためではないかと思ってしまいます。それを実証することはなかなか難しいですけれども。今ご紹介された制度がなぜ使われないのかという問題は、やはり第3号被保険者のような他の制度が間接的に効いているのではないでしょうか。それから扶養控除も生活の基盤になっている制度ですから、少し見直す必要がある気がしています。これに関連する話で、今、日本では選択的夫婦別姓が熱い議論になっていますが、どのようにご覧になっていますか？

鹿毛　自民党がこれだけ反対していますし、司法の話で言えば最高裁も動きづらいのだろうという感じがしています。

竹中　鹿毛先生のご専門である司法の分野にも関わってきますが、最高裁の判決は結局、既に女性側の姓になる自由があるのだから、選択的夫婦別姓制度はいらないだろうという論法でしたが、最高裁が慎重になるのはなぜなのでしょうか。

鹿毛　やはり自民党に気をつかわざるを得ないように思います。選択的夫婦別姓があまりにもホットなイシューになっていますので。実は日本の最高裁はジェンダー分野では割合リベラルな判決を出しているのですが、これだけ注目を集めてしまうテーマになると、いろいろなところからのバックラッシュを気にしなければならず、難しい立場に置かれているように思います。

竹中　この辺りは共同プロジェクトを作って、政治社会制度を徹底的に見直すということをやってみる価値があるのではないかと思います。先ほど安部さんがおっしゃっていた話で、小さなところで成長分野を作ってそこを突破口にするという話を具体的に教えていただけますか？

安部　例えば、今、大きく成長しそうな分野にスタートアップがあります。そういった分野は女性の比率を上げるためのテコ入れをするのにとても良い場所だと思います。

竹中　スタートアップは既存のルールに基づいて動いていないところがありますから、男女平等で、女性の経営者が出てきて成功者になっていけば、ロールモデルになるということですか？

安部　現状ではスタートアップの世界はジェンダー・ギャップが悪いほうに大きくて、男性社会です。ただ、そういう中でもベンチャーキャピタル（ＶＣ）の女性比率と、成功する女性起業家の比率が上がるのが大事です。これは資金の出し手になる投資家と、事業で成功することで次の時代の起業家のエンジェル（スタートアップ企業に投資する個人投資家）になれる起業家の中での女性比率を増やすことで、女性経営者が増え、管理職が増えというサイクルが回っていくからです。女性経営者の会社は女性比率が高いです。先ほど話に出た「家事負担をサポートしてくれるなら選挙に出てもいい」といった例があるように、余裕のない人たちは危機感や使命感から行動するのが難しい。自分たちが抱えている問題に加えて新しい挑戦をやろうとは思いません。その前提で女性が社会進出を進めるためのドミノの1枚目になりうるのが、女性投資家・女性起業家の比率の向上であると思います。

林　その際、銀行が女性に融資してくれないということはないですか？

安部　スタートアップの場合は銀行ではなくてVCのようなファンドが主なリスクマネーの供給者です。エクイティ（株式）なので返す必要はありません。ただ、過去の実際の事例で良くなかったところはたくさんあって、「株式を出す代わりにちょっと俺の言うことを聞けよ」といった碌《ろく》でもない投資家もいて、それに対して自浄効果が働きつつあるのが最近の状況です。

林　政治の世界でも、「1票入れてあげるから俺の言うことを聞けよ」といったセクシャル・ハラスメントがありますよね。「票ハラ」と呼ぶらしいのですが。

安部　自民党は女性の候補者が少ないことが顕著ですが、それは自民党支持層のハラスメント気質が明確に出ているのだと思います。政治に関しては、支持者層がそのまま候補者に反映されますから。例えば、女性だけの政党を作ることも一つの手だと思います。クオータ制度の確保をアジェンダにするなど、できることは色々あると思います。

鹿毛　それから、女性の問題と移民の問題というのは根っこでつながっているところがあります。アメリカやヨーロッパでは、移民を雇って家事労働をやってもらって、それによって女性が働けるという側面があります。このあたりは日本では賛否両論あるところかもしれませんが、移民に対して門戸を開くことが、女性が外へ出ていけるということにつながっているところがあります。

日本メディアの安定性と独立性

竹中　次に、メディアの話に移りたいと思います。先ほど林先生は日本のメディアが正確であるとおっしゃいました。先生はご著書『メディア不信』（岩波新書）の中で、日本のメディアの世界との比較をされていて、日本人のニュースへの信頼度が比較的低いということからメディアに対する信頼度が少し低いと指摘されています。一方、世界価値観調査*14で日本のどの機関が信頼されているかという調査ではメディアはかなり信用されていて、そのギャップが面白いと思いました。世界価値観調査では、官僚組織や政党に比べて、メディアへの信頼度のほうが少し高いという数字が出ています。その辺りも含めて、林先生は日本のメディア、ジャーナリズムについてどう思われていますか？

林　何をもって「信頼度」と言うのかが難しいですね。信頼度が人気投票のようになっていて、害がなければ信頼するという感じになっているようにも思います。例えば、中国やインドネシアなど、政府が表現の自由に制限を設けている国のメディアは、信頼度が高いです。日本では、「信頼度」が「好感度」のような意味で、メディア幹部はこれを勲章のように思ってしまっていることに、私は違和感をもっています。無難な話だけをするのではなく、メディアは嫌われる覚悟がないと。信頼されるかどうかという指標は、必ずしもメディアをはかる一番良い尺度とは限らないと私は思います。

竹中　そうなると、日本のメディアの良いところは正確という点でしょうか？

林　日本のメディアは正確で、記者たちもしっかりと勉強している人たちが多いと思います。例えばイギリスのタブロイド紙の記者などは、デマやデタラメまで何でも書いてしまうようですが、日本はそこまでめちゃくちゃな記者は少ないです。むしろ、日本の記者は、これはここまでは書いて良い、あれは書いてはだめだという具合に自己検閲をしてしまう。
　その姿勢を一番感じたのは東日本大震災の時です。たくさんのインタビューを行ったのですが、「今私たちが知りうる情報をすべて出したら社会がパニックになってしまうから、それはできない」と言って、例えば放射線の情報も出さなかったということがありました。それは色々な意味で良くないことではありますが、その反面、メディアの責任がどこにあるのかを考えると、人々の安全や健康な生活にある。もちろん放射線があったら健康な生活はできないので情報を出さなかったのはその面では良くないのですが、社会の安定を優先し、社会混乱を恐れて情報を出さなかった判断も、わからなくはありません。

竹中　日本のメディアが一歩踏み込み足りないという議論はありますね。一方で、日本のメディアは政権批判をできますね。

林　日本のメディアが政権批判をしていないとは言いません。ただ、森友問題でもそうでしたが、何か一つのことが解禁になると見るや、ワーッと一斉に政権批判をする。その後、ほとぼりが冷めると、サーッと引いて忘れられていく。何か一つが話題になると皆同じように取り上げて報道する。社会の問題を自分から先取りして追いかけるという進取性が足りない気がします。

竹中　岸田内閣についても、すでに一部のメディアは足りないところを取り上げて批判を始めていますから、それほど他のメディアの動きを待っているという印象を私は受けません。森友学園の問題も朝日新聞が踏み込んだからあそこまで大きくなりました。

林　例えば2021年の衆議院議員選挙の報道について言えば、日本の選挙制度全体の問題について掘り下げた記事は少なかったです。選挙期間の短さや公職選挙法の問題など、選挙には色々な問題があるにもかかわらず、それに対して粘り強く突っ込んで書いている記事は少なかった。なにより、そもそも記事自体の長さが非常に短いです。

政治家とソーシャルメディアの問題についても、もっと突っ込めるのではないかと私は思っています。例えば、自民党がどのようなソーシャルメディアの使い方をしているか、政党や政治家が普段からソーシャルメディアを使ってどういった活動をしているか、そしてひょっとしたらフェイクニュースもあるかもしれません。外国からの意見操作はどうなっているのか。政治と情報の流れがどうなっているか、断片的な情報が飛び交うネット時代だからこそ、粘り強い調査報道が求められていると思います。

竹中　ありがとうございます。林先生はもう少し大きな枠《わく》でご覧になられているのですね。

林　社会を変えるとなると、少し大きな枠で見ないと変わらない気がしています。女性の問題もそうだと思います。

竹中　安部さんは実際にメディアを運営されていて、ご自身はメディアにもお出になっています。そうしたご経験もふまえて、日本のメディアの問題や課題はどのようなものだと思われますか？

安部　日本のメディアは朝日新聞なら朝日新聞、あるいはテレビ朝日なども含めた朝日系列といったように生態系が社やグループ企業の中で閉じていることが特徴であり、課題でもあります。森友問題にしても、デスクの人が「ここは俺が責任を取る。社としてここをやるぞ」と言ったらすごく突撃力がありますが、フリーランスの人が見つけたネタを引っ張ってきてあげて、朝日新聞でそこに据《す》えてずっとその主張をさせたりはしません。結局会社の中だけのシステムなわけです。そうすると「朝日新聞」ジャーナリズムしか成立せず、組織横断型のジャーナリズム業界というものが育たないのです。

ジャーナリズムというエコシステムが日本にはなく、それぞれの会社の中に閉じた小さな企業ジャーナリズムのエコシステムがあるだけです。時にはそれがうまく機能することもありますが、全体から見るとバランス感覚に欠けていて多様性に乏しい。ちなみに、社の中でシステムができることの良さは何かというと、社で決めたことに関しては粘り強く、体力が非常にあるということです。一方で、近年経済的な足腰がしっかりしていないところは、報道の中身の面でもかなり厳しい状況にあります。

この20年ほどのスパンで見てみると、それまでの日本の大きなメディアの良さが失われてきました。創業者世代、戦後の中興の世代がいなくなった後に、メディア・コンテンツとビジネスとの往来ができなくなってしまった。売り物であるコンテンツを理解しつつ経営ができるという人材がいない、という問題が出てきてしまった。それゆえ、インターネットが出てきた時に新しいビジネスモデルと新しいコンテンツ・フォーマットという二つの課題にどう向き合えばいいのかわからなかったのです。わからないから取りあえずSNSなどに流して、広告費で小銭を稼いで満足してしまった。残念ながら、それで日本のメディア空間におけるコンテンツ課金の市場を悪くするきっかけになってしまいました。

メディアがインターネットでサブスクリプションによって生計を立てていくために、広告モデルからいつどのタイミングで転換するかが非常に大事でしたが、これを読み間違えてしまった。結果としてインターネットが芸能人の不倫についての見出しだけで読まれるメディア空間になっていき、メディア産業そのものが縮小する方向に力学が働いてしまいました。ジャーナリズムというものは良い記者が記事をとってくるところに価値がありますが、今後は彼らを食べさせるだけの原資をどこも持てなくなってくると思います。

例えば、ニューヨーク・タイムズやワシントン・ポストはオンラインでの課金の戦いに比較的成功しています。ビジネス感覚とコンテンツというものをわかっているので、オンラインに転向した時に彼らは体力を確保したままウェブの世界に残ることができました。今後は、日本では純粋に良いジャーナリズム・コンテンツを作る人にお金を投じるプレーヤーは限られてくると思います。そして、旧来型のメディアは特にそこに苦しむでしょう。

比較的オンライン課金に成功している日本経済新聞あたりが数少ない成功事例かと思います。

また、日本のメディアは権力の監視という役割に偏りすぎていたのが良くなかった。メディアは第4の権力であり権力の監視こそが役割であると言われてきましたが、本当はそれだけでなく社会への提案の機能があるべきです。政策でも事件でも色々な角度から見れば粗《あら》はいくらでも見つかります。批判は簡単ですが、正しい方向にもっていくための提案や建設的な視点から繰り出せる批判というものがなかった。良いものを良いと言えるとか、こういう風にしていったら良いのではないかという責任感を持った提案が日本のメディアはできていません。「皆で考えていかないといけませんね」といった抽象的な語尾で終わっていても読者には響かない。

竹中 おっしゃる通りです。「これについては議論を深めましょう。もっと考えないといけません」で終わってしまう記事が非常に多いですね。

安部 その記事を書いている人が一番調べているのだから自分でポジションを取ればいい

のです。それをしていないということはそこまで調べ切っていない、もしくは提案できるほどの全体観を持っていないのだと思います。メディアは高い速報性で正しく情報を伝える、後追いして権力を監視する、構造的に可視化してシステム的な提案をする、という三つの機能が必要ですが、日本のメディアはこの三つめが苦手です。

林　安部さんのおっしゃることには大変賛成ですが、そこはジャーナリズムの痛いところで、客観性を保つためにわざと政策提案しないという面もあります。例えば、メディアによる何らかの提案が政治に採り入れられると、それに対してジャーナリズムが責任を持つことになってしまうので、中立な立場からの突き放した報道をしにくくなる。ゆえにメディアは政治のプレーヤーになるべきではない、という鉄則があります。読売新聞は憲法改正の提案をしましたが、あれは非常に議論があるところで、そのような立場をとることが良いのかどうか。

こうしたことは、権力監視を使命とするジャーナリズムの基本でした。ですが安部さんが指摘されたように、それではジャーナリズムが市民社会とは離れてしまって、社会での重要性（レリバンス）を持たないものになってしまうので、そういう立ち位置だけではだめだ、ということが、欧米各国で言われるようになってきました。

日本も、戦後、客観的なアメリカのジャーナリズムを踏襲して、社会活動にはあえてコミットしないようにという倫理観が主流で、今日もその態度が基本的には守られています。しかし、それではジャーナリズムが社会との接点を失っていく。これは日本のジャーナリズムの非常に大きな問題だと思います。

安部　林先生のおっしゃる通り、まさにそういった歴史的な文脈からリディラバではメディア事業のモデルを構築しました。ただ、最近の大手のメディアの場合だと提案能力以前に、そもそもＮＰＯや社会問題の現場から情報が集まってこないという課題もあります。現場のＮＰＯの人たちは、マスメディアに対して非常に不信感があります。記者やディレクターが考えている物語の素材として消費されることに、現場の反感は大きいわけですが、実際にそれがあらゆるところで起きている。お金をくれるわけでもなく、勝手に自分たちの物語を作るために時間を拘束されて、取材が終わったらサッと帰る。結果として、一次情報を持っている人たちからだんだん信頼されなくなり、情報をもらえなくなってきています。メディアは一次情報の取得と速報、監視とレビュー、そして提案という三つの機能の中で、根幹としての一次情報の取得も分野によっては弱まってきているのです。

竹中　ありがとうございます。メディアが自分たちの都合のいいように取材することを続けると信頼を失い、取材ができなくなるということですね。鹿毛先生は日本のメディアのあり方について何かご意見はありますか？

鹿毛　先ほどの林先生のお話と重なりますが、アメリカのメディアの分断状況を見ていると、日本はまだそこまでではないのかなという印象を持っています。読売新聞を読みたい人、朝日新聞を読みたい人、色々な人がいますが、その人たちの間でまったく話が通じないとか、まったく異なるニュースを見ているという状況ではありません。

竹中　確かにその点はまだ日本のメディアは落ち着いた状況にあって、アメリカのFOX vs. CNNのようにはなっていませんから[*15]、社会的に安定しているのかなという気はします。アメリカを見ていると、異なる意見を互いに競い合うというよりも互いにバッシングしているようになってしまっているので不安定な感じがします。

先ほど安部さんがおっしゃったインターネットが急速に普及するなかでの既存メディアの対応について、林先生におうかがいします。記事を出して広告モデルで稼ごうという方向になってしまい、サブスクリプション・モデルに転換できていないために体力が中長期的に弱っているのではないかという安部さんの問題提起に関してはどうお考えですか？

林　どちらかというと、日本のメディアはサブスクリプション・モデルが強いですよね。公共放送のＮＨＫは受信料で成り立っていますし、新聞は購読料収入が欠かせない。けれども、新聞はサブスクリプションを払っている人がどんどん高齢化していて、やがて死に絶えていくという現実があります。

竹中　安部さんが考えるサブスクリプションの問題というのは、紙からインターネットに移行していないということですよね？

安部　そうです。紙からインターネットに動いた時に、プラットフォーマー依存の広告モデルに向かってしまったということです。

竹中　インターネットでも日本経済新聞は購読料で成り立っていると思いますが、他社は有料でやっていこうと一生懸命頑張っていますが成果が出ているかははっきりしません。

林　英国オックスフォード大学ロイター・インスティテュートの「デジタル・ニュース・レポート」では、世界の色々な国に比べて日本人はペイウォール（料金を払わないと有料コンテンツを見られない仕組み）にお金を払わない人の比率が高いという結果が出ています。情報に対してお金を支払うという意識があまりないようで、ニュースにお金を払いたくない人が多いのです。わざわざ4000円、5000円を支払って朝日新聞や日本経済新聞を購読しようと思う人が少なくなっている理由には色々あるのだとは思います。ただ今後、新聞「紙」は激減するとは思います。

このほか、これは良いところなのか悪いところなのかは意見が分かれるかもしれませんが、日本の地方新聞社には古いオーナー家による独立経営が多く見られます。これに対して、例えばアメリカでは、マクラッチー社などによって、地方紙のほとんどはチェーン化しています。また、ある地方紙を突然カジノ王が買収して経営者が変わったということもアメリカでは起こります。日本では戦前からの一県一紙体制が戦後も引き継がれていて、ほとんどの地方新聞は地元名士、名家のオーナー企業であり、世帯普及率が50％を超える社もまだ多く存在します。

竹中　独立性を保てていることは良いことかもしれません。全国紙も東京には浸透していますが各県には全然浸透していません。広島に行けば中国新聞、福岡に行けば西日本新聞、鹿児島に行けば南日本新聞、長野に行けば信濃毎日新聞が読まれているという状況です。

林　インディペンデントであることは良いのですが、他方で新規事業であるデジタル化がほとんど進んでいないのです。

竹中　おっしゃる通り、それは問題でしょうね。ポラリゼーション（分極化）についてはいかがですか？　FOX vs. CNNのような状態には日本はなっていません。

林　日本には放送法があり、政治的な公平性が規定されています。アメリカの場合は80年代のレーガン政権時にフェアネス・ドクトリン[*16]が撤廃されて、放送も何でもありの状態になってしまいました。日本には、特に放送分野ではそこまで大きな分極化はありません。

竹中　ポラリゼーションが進んでいないという点は他の国に参考になるでしょうか？　新聞を見てみると、それぞれのトーンが異なるくらいには左派と右派で別れてはいますから、全部読めば多様な意見を得られるとは思います。

林　新聞のそうした意見分布は読者の側にどのくらい意識されているかという問題があります。「ウチを購読したら3カ月無料で、洗剤もあげますよ」というのが、古い新聞のマーケティング戦略だったわけです。そして次に勧誘に来た人に「うちを購読したらジャイアンツの試合のチケットも付けますよ」と言われたら、「じゃあ、今の新聞はもうやめて、おたくを購読します」となって新聞を変える、といった感じでした。新聞社側も中身ではなく、そうやっていわゆる「拡材」とともに売り上げを伸ばす戦略でした。ところがネットが普及して、今は中身が勝負。あの時代のツケがきているのだと思います。

竹中　SNSによって情報があふれかえっている現状はどうご覧になっていますか？

林　ＳＮＳについては、私は楽しいとも思いますが、心配もしています。アメリカで問題になっていますが、ヘイトスピーチや偽情報などの汚染情報の温床になってしまっていて、私の友人の女性の研究者もＳＮＳでのトローリング（悪意あるコメントを何度も投稿するなどの迷惑行為）され、誹謗《ひぼう》中傷を受けて苦しんでいました。とくに、物を言う女性に対するツイッター上での攻撃がひどいです。

竹中　それは発信している人を萎縮させ、言論の自由を脅《おびや》かす危険性が高いですね。もっと激しく開示請求したら良いのでしょうか。

安部　２０２１年10月の眞子様の臣籍降下後の初の会見も、誹謗中傷に対するものでしたよね。「誹謗中傷で人の心を傷つけ続けるままの社会でいいのか」という問題意識を非常に丁寧に配慮をしながら発言されていました。彼女は皇籍を出た後に話していますからこれまで発信できなかった部分も含め、望むのであれば自由に発信するのがいいと思いますが、臣籍降下後初めての発信の中核メッセージが誹謗中傷に対しての憤《いきどお》りであったことは示唆《しさ》的でした。

大きな流れを見ても、法律も変わって今後プロバイダーへの開示請求がしやすくなってきます。ですから、SNS上のわかりやすい誹謗中傷は抑制的な方向に向かうと思います。一方でフェイクニュースやグレーゾーンの誹謗中傷、あるいは右翼・左翼などのラベルを貼り付けた分断にどう対処するかは難しい。例えば僕は竹中平蔵さんと対談の本を出版していますが、そのことで「あいつは竹中平蔵の仲間だ。格差や貧困を是とする新自由主義の学歴差別主義者だ」と言われます。私の仕事はそういった貧困などの課題を解決していくことですし、12年間一貫して反自己責任論者です。ただなかなかそういった中身のところまで対話ができない。竹中平蔵さんとだって意見が違うところがあるから対談しているのに、同じ意見と取られてしまう。こういったラベル貼りは法的な対応が難しいので、今後も残ると思います。ラベルを貼る行為は対話の妨げになるでしょうから、厄介な話です。

竹中　鹿毛先生はこの課題をどうご覧になっていますか？

鹿毛　林先生もおっしゃっていましたが、大統領選挙がらみでアメリカで問題になったようなフェイクニュースや誹謗中傷のSNS上の拡散が、日本政治の文脈でも問題にならなければいいなと思っています。

竹中　インターネットとどう付き合っていくかという話では、誹謗中傷とラベル貼りの問題が挙がりました。

安部　プラットフォーマーの課題だと国産のSNSではない故にフェイクニュース対策が遅いという問題もあります。具体的な事例で言うと、例えばインスタグラム上でのワクチン忌避の問題です。HPVワクチンに対するためらいを生み出した原因の一つにインスタグラム上での偽情報の拡散があったという話なのですが、アメリカではかなり早い段階でプラットフォームとしてそういった情報を見えないようにしたり、拡散されないようにしたりする対策を行いました。アメリカ本国で対策が行われていた以上、日本支社も対策の必要性の認識を持っていたはずです。ですが日本の対応は極めて遅く、間接的にHPVワクチンの積極的勧奨が遅れました。人の命に強く直結する案件において、少なくとも数千人単位の若い女性の命を奪うことになるわけで、非常に罪深いと思っています。ただ、アメリカに本社がある以上、今後も同じようなことは起きるでしょう。

竹中　HPVワクチンの話は本当に悲しむべきことですし、害のあるかたちでSNSで情報が広まった例ですね。林先生は、日本のメディアあるいはジャーナリズムに対して、新しい課題を取り上げる能力がないという問題意識を持たれていると思います。NewsPicksやハフポスト、それこそ安部さんが率いるリディラバのジャーナリズム部門など、最近のネットメディアも調査報道に力を入れる動きが出てきていると思いますが、この可能性についてはどうご覧になられていますか？

林　とても期待しています。これまで取り上げられなかった声や視点を、そういったメディアが拾い上げてくれたら良いと思います。ただ、ネットメディアは消費者側が自分から情報を取りに行かないといけませんから、放置しておくと、そのテーマをしっかりとウォッチできる人と、そうではないそれ以外の人たちとの差が広がってしまいます。こうしたことを予防するためには、平たい言葉で言うとメディア・リテラシーが必要なのかもしれません。重要な情報がどこにあって、どういう風に取りにいくかについては、もう少し皆で話し合う場を設けて、考えていくべきだと思います。例えば学校では「情報」教育が行われていますが、プログラミングや機材の使い方だけではなくて、情報の作り方、情報の提供の仕方、情報の批判的解釈などについても、もっと早い時期から教育すべきだと思います。

竹中　安部さん、調査報道を資金的に儲かるような仕組みにすることはできますか？

安部　ハフポストやバズフィードなどはサブスクリプション・モデルに転換できていなくて、個人の記者が現場で頑張っている程度ですから、社会的なテーマに関してはまだまだ資金的にはきついと思います。メディアを本当に作っていくのであれば、ＢｔｏＢのビジネス（企業相手のビジネス）をしっかりと持っておくことも大切だと思います。もともとNewsPicksはSPEEDA（法人向けの企業・業界情報データベース）を持っていたという話ですし、リディラバも修学旅行や企業研修、ツーリズムの事業があってメディアに参入しました。僕らの場合は社会問題のツーリズムというかたちでＮＰＯと契約を結び、何百という現場のネットワークを持っています。彼らとの長期的な関係性を踏まえて情報を扱っているので、質の高い情報を、比較的低いコストで調達して提示できるという事業構造が普通のメディアとは違います。事業構造的にメディア単体だけでなく戦略を構築していく必要はあると思います。

竹中　そういった事業モデルは、新興民主主義国でメディアをやろうとする人たちの参考になるかもしれませんね。

安部　特にこのウェブの時代において課金モデルは黒字転換するまでには時間がかかります。それまでの間を支えられるだけの別の事業を持っているか、資金調達をうまくできるかが大事だと思います。

竹中　今回は多岐にわたるお話をおうかがいできました。多様性については日本は参考になることがあまりなく非常に残念に思いましたが、他の部分については他の国にとって参考になるのではないかと思いました。色々なことを教えてくださり、本当にありがとうございました。

＊1　ロバート・ペッカネン

アメリカの政治学者。著書『日本における市民社会の二重構造――政策提言なきメンバー達』（木鐸社、2008年）で、日本の市民社会が多数の小規模団体と少数の大規模団体との二重構造になっていること、また日本の市民社会は民主主義を支えているが政策決定に影響を与える専門家団体を持たない「政策提言なきメンバー達」であることを示した。

＊2　辻中豊

日本の政治学者。専門は、公共政策、比較市民社会、ローカル・ガバナンス。著書に『現代日本のNPO政治――市民社会の新局面』（木鐸社、2012年、共編著）など。

＊3　坂本治也

日本の政治学者。専門は、市民社会、現代政治分析。著書に『ソーシャル・キャピタルと活動する市民』（有斐閣、2010年）など。

＊4　新公益連盟

社会的企業（社会課題の解決をめざす企業）やNPOの連盟組織。社会課題の解決に取り組む。2024年3月現在の加盟団体数は165団体。

＊5　NPOは活動分野が決まっています

NPO法人の主たる活動は、「子どもの健全育成」「保健・医療」「社会教育」などの20分野に該当しなければならないことが、法で定められている。

＊6　ラリー・ダイアモンド

アメリカの政治学者。専門は民主主義論。著書に、『侵食される民主主義（上下巻）』（勁草書房、２０２２年）など。

＊７　プロパブリカ

調査報道専門メディアを運営するアメリカの非営利報道組織。政府や企業の権力乱用や不正行為を監視することを目的に、独自取材を行い、大手メディアでは扱われない問題を取り上げる。２０２１年にアメリカの超富裕層の納税記録を報じた記事は大きな話題となった。

＊８　世界経済フォーラム

スイスに本部を置く非営利財団。毎年開催される年次総会（通称ダボス会議）で有名。各国の競争力などを指数化し公表する活動もしている。

＊９　フランシス・ローゼンブルース

アメリカの政治学者。専門は日本政治論。著書に、『日本政治と合理的選択――寡頭政治の制度的ダイナミクス１８６８－１９３２』（河野勝 監訳、勁草書房、２００６年）、『日本政治の大転換――「鉄とコメの同盟」から日本型自由主義へ』（徳川家広 訳、勁草書房、２０１２年）など。２０２１年没。

＊10　田中世紀

政治学者。専門は政治学、国際関係論。著書に『やさしくない国ニッポンの政治経済学』（講談社、２０２１年）。論文に、本文で言及されている鹿毛利枝子、フランシス・ローゼンブルースとの共著論文 "What Explains Low Female Political Representation? Evidence from Survey Experiments in Japan" (*Politics & Gender*, 2019, 15(2): 285-309) などがある。

＊11　三浦まり

日本の政治学者。専門は、ジェンダーと政治、福祉国家論、ケアと民主主義論。著書に『ジェンダー・クオータ――世界の女性議員はなぜ増えたのか』(明石書店、2014年、共編著)など。

＊12　東京大学は今や関東のローカル大学

地方からの受験者が減少傾向にある。また、合格者の約6割を関東(1都6県)出身者が占める状態が続いている。

＊13　第3号被保険者

厚生年金保険や共済組合などの加入者に扶養されている配偶者で、年収130万円未満、20歳以上、60歳未満の者。保険料は配偶者が加入している年金制度が負担するため、自身で納付する必要がない。

＊14　世界価値観調査

価値観の変化とそれが社会に与える影響を世界規模で捕捉することを主目的とする国際協働プロジェクト。人間の信念や価値観に関する国際的調査としては世界最大規模のもの。

＊15　アメリカのFOX vs. CNNのようにはなっていませんから

FOXニュースは共和党寄り、CNNは民主党寄りの報道をする傾向が非常に強くなっている。視聴者(有権者)も、自分が属する党派寄りのメディアだけを見る傾向が強くなっている。

＊16　フェアネス・ドクトリン

アメリカで1949年にテレビとラジオに対して導入された公平原則。一つの見解を報道する際、相反する視点にも配慮することを定めた。1987年の共和党のレーガン政権時に廃止された。

終章

議論のまとめ

竹中治堅

Ⅰ　はじめに

この章では一連の議論の内容を整理し、日本の民主主義の現状について評価したい。その際、他国にとって参考になる点や課題についても触れながら論じていく。以下、次の順序でまとめていく。第一に日本の民主主義全般に関する論議を民主化論の枠組みに沿って解説する。第二に、日本の民主主義のありさまは90年代以降大きく変貌しており、その変化について話し合われた内容を紹介する。最後に、日本の民主主義の三つの課題、有権者の政治意識、メディアの現状、ジェンダー・ギャップに関し指摘されたことについて説明する。

Ⅱ　日本の民主主義のあり方について

まず日本における民主主義の状況全般についての議論を紹介しよう。民主化論の枠組みではまず民主主義の成立あるいは民主主義への移行という段階がある。次に、成立した民主主義の定着が課題となる。最後に、民主主義の質が深化していくかどうかが注目される。
議論の中では、日本に戦後、民主的な制度が導入される上で、アメリカの役割が大きかったことが強調された（高安 第1章18頁）。高安氏は、アメリカは「自由主義、民主主義、国際協調主義を柱とした日本国憲法の原形を提案し」、この憲法が日本社会に受容されていったと説明する（高安 第1章25頁）。戦前の支配層の間には押しつけられたという認識もあるかもしれないが、特に一般の人たちの間で「すっと」受け入れられた（高安 第1章24頁）。

もっとも日本の一般国民が本当に民主主義の原則を受け入れたのかどうかについて谷口尚子氏は懐疑的である。谷口氏はエリート層が新しい民主主義の秩序を受け入れたことは認める。ただ、明治維新から戦争直後の時期にいたるまでに一般国民の政治的主体性の意識がどの程度育っていったのだろうかと疑問視する（谷口 第1章27～28頁）。その上で、「大日本帝国がアメリカに負けて、『そうか、これが従うべき次の権威か』」と新しい権威に従った結果に過ぎないのかもしれないという見方を提示する（谷口 第1章28頁）。

3回の議論の中ではそれほど取り上げられなかったものの、第二次世界大戦後、一般国民を含め、日本人が民主的な日本国憲法をスムーズに受容した背景には、1889年に大日本帝国憲法が制定されて以来の議会政治、政党政治の伝統もあるだろう。1890年に帝国議会が開設され、以来、立憲自由党系と立憲改進党系の政党を中心に政党政治が発達していく。一つの帰着点として1918年には本格的な政党内閣が成立し、1932年まで続く。この時期のほとんどにおいて、衆議院に加えて内閣も政党勢力の影響の下に置かれた。選挙権も大日本帝国憲法発布当時は制限されていたものの、徐々に拡大され、1925年には男子普通選挙が成立した。日本では順調に民主化が進んでいた。

戦前の日本の政治で最大の問題だったのは統帥《とうすい》権の独立の下に、政治家が軍隊に対する文民統制を確立することができなかったことである。1920年代後半から世界大恐慌に日本も巻き込まれ、社会不安が増大する中で軍部が政治介入を強める。こうして1932年の5・15事件によって政党内閣は終焉《しゅうえん》し、以降、軍部が政治過程において強い影響力を持つようになる。

第二次世界大戦に敗北したことにより軍部は力を失う。日本国憲法の制定とともに制度的にも軍隊は国内政治における権力基盤を失う。政治過程から軍部が政治アクターとして除去されたことで日本の民主化はもとの発展経路に戻ったと言える。このため、日本国民は民主主義秩序を大きな抵抗感なく受け入れた。日本国民から見れば議会制度や選挙は１９４５年以前からなじみ深いものだったのである。

日本の民主主義への移行がスムーズであった背景には明治維新以後、相当期間、議会政治や選挙を経験し、国民が政治における競争に習熟していたことがあるということは、日本を民主化のモデルと考える場合には注意すべき点である。

議論に参加した研究者のほとんどは民主主義が定着していることについては同意する。「リベラル・デモクラシーの秩序が人々に受け入れられて」（高安 第1章18頁）おり、「民主主義に対する社会全体のシステムのサポートが強い」（待鳥 第2章１６７頁）。そして「民主主義の理念や原理については、完全に日本の国民の間で良いものだという共通認識」（待鳥 第2章１６５頁）があり、民主主義の「制度的基盤が充実している」（高安 第1章18頁）。制度的基盤とは選挙制度、国会制度、司法制度、地方自治体による公共サービスなどである。また、反体制政党も存在しない（待鳥 第2章１６７頁）。もっとも谷口氏は「国民の間に民主主義的意識が根付いたかと言えば、そうとは言えないと感じています」と慎重な見方も示す（谷口 第1章29頁）。

なぜ民主主義が定着しているのか。議論に参加した研究者はいくつかの要因を挙げる。

まず、教育を通じて「『基本的に民主主義は良いものだ』と教えてきたこと」には意味があった(待鳥 第2章165〜6頁)。

また、そもそも、民主主義が国民の間で広く正統性を持ち、定着する上では、民主主義に実績が伴うことが大切である。その意味で、戦後、高度成長を遂げて国民全体が豊かになったことが民主主義の定着に貢献したことは間違いない。また戦後の日本の実績として「構造的・社会的対立をうまく解決してきた」ことも挙げられる(マッケルウェイン 第1章17頁)。さらに都市部から地方部への再分配が公共事業を通じて行われたこと、高齢者向けの福祉が優先されたものの1960年代から国民皆保険が始まり、医療保険と年金を中心として一定の水準の社会福祉制度が整備されたことも実績として注目された。

また、ケネス・盛・マッケルウェイン氏は、憲法の中に統治機構についての規定が少なかったために、政治制度に問題対応のための「柔軟性」があったという見方も示す(マッケルウェイン 第1章26頁)。

定着後の民主主義の質の深化はどうか。二つの側面で日本の民主主義の質は高まった。一つは市民社会が拡大したこと、もう一つは政治改革の結果、汚職・政治腐敗が少なくなったことである。

まず一つ目の市民社会の拡大について、これに貢献したのは１９９８年に作られた特定非営利活動促進法（ＮＰＯ法）である。鹿毛利枝子氏によれば法律が作られた後、２０２２年時点でＮＰＯ法人の数は約５万団体に増えた（鹿毛 第３章１８９頁）。またＮＰＯ法は使い勝手のいい仕組みなので、他国にとても参考になるという（鹿毛 第３章２０８頁）。

安部敏樹氏は市民社会の変化についてさらに詳しく解説する。二つの大きな変化があった（安部 第３章１９０〜１９１頁）。まず１９９８年にＮＰＯ法ができたことにより、市民運動系のＮＰＯ法人が増える。ついで２０００年代半ば以降に事業としてサービスを提供する社会的企業が現れる。さらに、東日本大震災を契機に受託事業で10億円以上の規模のＮＰＯも出てくるようになった。こうした事業系のＮＰＯ法人は政策の実現を目指して議員立法に関与することもある。しかし、政策実現の試みは「10回トライして１回成功するかどうかといった感じ」であり、そのためにはＮＰＯ法人の資金基盤がしっかりしていることが大事で、事業系の団体が重要となる（安部 第３章１９４〜５頁）。事業系の団体の資金力は強まり、このことにより一部の団体は元官僚を雇うことも可能になった。ただ、政策立案能力の向上につながっているかといえば、まだ「兆し」が見られる段階に過ぎないことを安部氏は認める（安部 第３章２０７頁）。

日本の民主主義の質が高まったもう一つの側面は、1990年代の政治改革の結果、汚職、政治腐敗が少なくなったことである。「中選挙区制度時代の政治腐敗はひどかった」（待鳥 第2章173頁）。しかし、1994年に政治資金規正法が改正され、政治資金に対する規正は強化された。砂原庸介氏は「不透明なかたちで企業などから直接政治資金を流すという状況を変える決断ができたことは、ある程度評価されるべき」（砂原 第2章173頁）と語る。

中選挙区制時代に政治家は政治資金を集めても蓄財するよりも有権者へのサービスに使っていた（待鳥第2章173〜4頁）。中選挙区制の下で、サービスが必要だったのは自民党候補者同士が競い合っていたためである。小選挙区制中心の選挙制度に改めれば、サービス合戦は不要になる。加えて、政治資金を党に集中させたいという考えも改革を後押しした。

政治腐敗の結果、政治資金が政治家の手元に残る場合にはこれを改めることは難しい。しかし、手元に残らない場合には、政治腐敗を改めることができるという「教訓《レッスン》」を日本の事例は他国に提供している（待鳥 第2章174〜5頁）。

Ⅲ 日本の民主主義の変貌

民主主義の質の向上という側面とは別に、日本の民主主義のあり方を考える上で大切なのは、1990年代以降、日本の統治制度に多くの改革が実施されたということである。この結果、日本の民主主義のあり方は変わった。アレンド・ライプハルト氏（アメリカの政治学者）は民主主義にはウェストミンスター型とコンセンサス型という二つの種類があると説明する。ウェストミンスター型の特徴は単独内閣への行政権の集中、二大政党制、小選挙区制などである。これに対し、コンセンサス型の特徴は連立内閣、多党制、比例代表制などである。

改革以前は日本の民主主義はコンセンサス型に近かった。しかし、改革が行われたのちは、ウェストミンスター型に近づいた。特に首相の指導力が強化された。

まず、制度改革の流れを整理しておこう。1994年に政治改革が実現する。この結果、衆議院の選挙制度が従来の中選挙区制から小選挙区・比例代表並立制に改められる。これにより首相が与党党首として与党議員を公認権によって牽制《けんせい》することが可能になった。また政治資金規正法が改正され、政治資金に対する規正が強化された。この結果、政治家個人や派閥が政治資金を集めることが以前よりも難しくなった。同時に政党助成金が導入され、政治資金が政党に集中するようになった。

二つの改革により与党内における首相の指導力は高まった。さらに2001年に省庁再編が実施される。省庁再編以前に、首相は自ら政策立案を主導する法律上の権限を持っていなかった。日本の議院内閣制の下で、政策を準備するのは大臣であった。省庁再編の結果、首相は法律上、政策を立案できる権限を手にした。そして首相の補佐組織である内閣官房の権限も強化された。さらに内閣府が首相を補助する新たな組織として作られた。

この改革後、首相は内閣官房や内閣府を活用しながら、重視する政策の立案を進めるようになる。特に内閣官房が重要政策の策定を担うようになる。これは内閣官房の人員や政策を担当する部局の数が省庁再編以降増えてきたことに表れている。

省庁再編後に、安全保障に関する統治制度改革が続く（彦谷 第2章119頁）。2007年には防衛庁が防衛省に昇格、2013年に国家安全保障会議（NSC）が創設される。

1990年代以降、これ以外にも地方分権改革、司法制度改革、中央銀行制度改革など日本の統治に関連する組織について多くの改革が行われた。このように多様な改革をどう考えれば良いのか。一連の改革について著書『政治改革再考――変貌を遂げた国家の軌跡』（新潮社）で包括的な分析を行った待鳥聡史氏は「全体としての包括性、方向性のばらつき、変わらなかったことがある」という三つの特徴があったと説明する（待鳥 第2章113頁）。つまり非常に広範な分野で改革が行われた。ただ、改革を総覧した場合に、「権力を集中させるか分散させるか」について、統一の方向性はなかった（待鳥 第2章112頁）。例えば、中央政府では権力を集中させる改革が行われたものの、中央と地方との関係を見ると、地方公共団体の中央政府からの独立性を高めるという権力を分散させる改革が実現した。また改革の対象とならなかった分野もある。立法府は二院制のあり方を含めて改革の対象とならなかった（待鳥 第2章112頁）。また地方自治体の中での統治機構改革も行われなかった（待鳥 第2章112〜3頁）。

このような広範な改革が実現可能になったのはなぜか。待鳥氏はその理由として、1980年代に「戦後の社会経済をうまくやれてきたのだから政治も変えられるはずだ」という「自信」があったことを挙げる（待鳥 第2章122頁）。そして、この自信が「日本の社会をもっと合理的、近代的」にしなくてはならないと考える「近代主義右派」のロジックと結びつき、多くの改革が実現することになった（待鳥 第2章122頁）。またマッケルウェイン氏が強調するように「日本国憲法の特徴的な部分の一つは、統治機構に関して、大枠の縛りはある」ものの「具体的な内容は法律で規定される部分が大きいこと」（マッケルウェイン 第1章25頁）も、改革の実現性を高めた。つまり、改正要件が法律よりも厳しい憲法に統治機構について細かい規定が置かれていた場合には、一連の改革の実施はより困難になったと考えられるということである。

改革によって経済社会の課題に対応する日本の能力は改善したのだろうか。政治過程において首相の指導力が上昇する一方で、族議員や利益集団の影響力が低下した。特に重要なのは、首相にとって複数の分野に関係する政策を立案することが容易になったことである。例えば、環太平洋経済連携協定（TPP）交渉で安倍晋三内閣は他国の工業製品に対する関税引き下げを実現する一方で、農産品の関税引き下げや輸入量拡大を受け入れた。こうした交渉が可能になったのは首相の指導力が強化され、農林族や関係利益団体の抵抗を抑えることができたからである。また、安倍内閣は「自由で開かれたインド太平洋」構想を推進した。当初、この構想のもとでの政策は外務省に関連するものが多かった。しかし、次第に内閣官房や内閣府が中心になって防衛省や海上保安庁の政策も「自由で開かれたインド太平洋」構想の方向性に合致するものになっていった。

しかしながら、政府が十分対応できない政策分野も残った。これが象徴的に表れたのが新型コロナウイルス感染症への対応であった。中央政府は感染症に対応する権限をほとんど持っておらず、対応の主体となるのは地方公共団体であった。そして、地方分権改革の結果、中央政府と地方公共団体の関係が対等となったことが両者の調整を難しくしてしまった。地方公共団体が実際の権限を持っていたため、安倍政権や菅政権は、検査の拡大など必要な施策の実現に難渋することになる。

砂原氏は新型コロナウイルス感染症への対応ではむしろ中央政府と知事が「お互いに競争相手になってしまい、自分たちのほうがより強い政策ができるという」「『競《せ》り上げ』」が起きてしまったと説明する（砂原 第2章140頁）。こうした状況を待鳥氏は「新型コロナウイルス対応は、政治改革の『答え合わせ』のようなところがあったと感じますし、そこには噛み合わせの悪さが表れていたと思います」と評価する（待鳥 第2章113頁）。

さらに、待鳥氏が指摘するように国会や二院制のあり方が改革の対象となることはなかった。国会や二院制について今回の議論で掘り下げて議論することはなかった。ここでは簡単にその特徴について触れたい。

必ずしも広く理解されているとは言い難いが、日本の国会は強い権限を有している。制度改革により首相の与党議員に対する指導力は強くなった。それでもなお与党議員は国会の権限を拠《よ》り所に、特に首相が最重要視しない分野において、内閣の政策立案をかなり制約することができる。また、日本の統治制度のもとで参議院は実質的に内閣から独立しており、衆議院の参議院への優位は弱いものでしかない。このため特に与党が参議院で過半数議席を確保できず、国会がいわゆる「ねじれ」の状況になる場合、内閣の政策立案は停滞し、短命になる可能性が大きい。

議論の中では、多くの研究者が、日本政治において政治改革が想定したような変化が起きなかったことに合意する。それは政権交代可能な二党制を創出することである。1980年代後半から1990年代に政治家が政治改革の議論をする過程で、一部の政治家は改革の結果、首相の権力が強くなることを予想していた。この予想通りに首相の指導力は拡大した。同時に、政治家や研究者、ジャーナリストは、小選挙区制中心の選挙制度を導入することにより、自民党に対抗できる野党が誕生し、二つの政党の間で政権交代が起きることを期待した。確かに1996年に誕生した民主党は2003年以降、自民党に対抗する政党に成長し、2009年に政権を奪取する。しかし、2012年の自民党の政権復帰以降は、野党は分裂状況にある。

自民党の単独政権が続いた55年体制の下では、首相の指導力が弱く、与党である自民党の議員が首相、さらには内閣の権力行使を難しくした。しかし、政治改革の結果、首相の与党内の指導力は強まったのにもかかわらず、政権交代の可能性によって自民党政権を牽《けん》制《せい》することが難しい状況にある。高安健将氏はこの現状を「集権化だけをさせて、政党間競争をきちんと整備できなかった」、「大変危険な状況」と警戒する（高安 第1章52頁）。

野党が分裂状況にあり、なかなか結集できない状況にある要因として多くの研究者が指摘するのが、日本の選挙制度の特質である。[1] 衆議院は小選挙区制と比例代表制を組み合わせる一方、参議院は小選挙区制、中選挙区制、比例代表制を組み合わせている。地方議会の選挙制度においては小選挙区制、中選挙区制、大選挙区制が併存することが多い。つまり日本の選挙制度では、政党システムを二党制と多党制という全く異なる方向に向かわせる力が働いてしまっている。

ただ、砂原氏は混合制の議論が出てくるのは２０００年頃からであり、政治改革の議論を行っていた際に、日本の選挙制度がこうした効果を持つことを予測するのは難しかったのではないかと説明する（砂原 第2章１４５頁）。比例代表制を組み合わせた理由として小選挙区制の下で一つの政党が強くなってしまうことを「緩和しましょうという、素朴な話だったはず」と推測する（砂原 第2章145頁）。また、日本維新の会が大阪府で圧倒的に強いことを挙げて、小選挙区制が自民党に有利に働くとは限らないと注意を喚起する（砂原 第2章146頁）。

また、待鳥氏は自民党が強い状況には、選挙制度だけではなく、自民党が2012年に政権に復帰した後の政策の争点も関係していると指摘する。すなわち野党の一部が2015年の安保法制をめぐる議論を通じ、政権獲得を諦《あきら》めれば、旧社会党支持層に依存し、「安住の地」を確保できる、すなわち一定の議席を安定して獲得できるようになってしまったことも大きな要因であると説く（待鳥 第2章150頁）。

一方、谷口氏は日本の政党間競争のあり方について興味深い指摘をする。谷口氏によれば「自民党の政策位置は動いていないのに、社民党・共産党や公明党が中道寄りになってきていること」を指摘する（谷口 第1章62頁）。この指摘を踏まえれば、現在は野党が分裂状況にあるように見えるものの、以前に比べれば自民党への対抗勢力を結集することが容易な状況が生まれていると考えることも可能である。

かなりの問題が残されているものの、待鳥氏や砂原氏は日本が1990年代以降、統治機構改革を実現したことを高く評価する。また、この日本の改革の経験は、選挙制度が権力のあり方に大きな影響を及ぼすことを改めて示している。

Ⅳ 日本の民主主義の課題

それでは日本の民主主義の現状にはどのような問題があるのだろうか。Ⅲ節で論じたように2012年の自民党政権復帰後の時期についていえば、政党間競争が不十分でこの結果、野党が権力を十分牽制できていないという問題がある。

またこれ以外に、本論の冒頭で述べたように三つの課題がある。有権者の政治意識、メディアの現状、ジェンダー・ギャップの三つである。

まず有権者の政治意識から検討しよう。議論の中では日本人の有権者としての主体性に疑問が投げかけられた。まず、谷口氏は日本人には「自分が国を支えるんだ、だからこそ主権者なんだ、という主体性が育っていない」と評価する（谷口 第1章29頁）。世論調査にこうした日本人の主権者としての特徴が表れているという。投票参加にも関心はなく、日本が攻撃されても国のために戦うという姿勢は示さない。そこから浮かび上がるのはまるで「『税金を納めているのだからサービスを提供せよ』」という「『消費者』のような姿勢」（谷口 第1章28頁）である。この説明によれば、日本の政治文化の中では市民文化が弱いということになる。こうした日本の政治文化の特徴は彦谷貴子氏が示すデータでも裏付けられる（彦谷 第2章154頁）。すなわちピュー・リサーチ・センターの調査によればエキスパートに任せることへの許容度が日本人の間では高い。この結果は日本人の主体者意識はやはり低いことを示していると解釈できる。

それでは主体者意識が低いのはなぜか。ピュー・リサーチ・センターの調査にその要因を示唆《しさ》する材料がある。この調査によれば、参加国中、日本人の有効性感覚は最低である。自らが何らかの影響力を行使できる存在であると考えられなければ、主体性も弱くなると考えられる。彦谷氏は複雑な選挙制度も有効性感覚の乏しさにつながっているのではないかという考えを示している。つまり選挙の制度が複雑であるがために有権者にとって「自分の1票が何につながっているのかわからない」可能性を指摘する（彦谷 第2章163頁）。

有効性感覚は長い時間かかって培《つちか》われるものである。戦後の日本で、選挙と無関係に首相が変わることが多かったことも有効性感覚の乏しさと関係している可能性がある。自民党の結党後、総選挙の結果ではなく、党内抗争などのため自民党総裁が変わることによって首相が変わることの方が圧倒的に多かった。選挙の結果が明確に首相の交代につながったのは１９４７年４月の総選挙、１９９３年７月の総選挙、２００９年８月の総選挙、２０１２年12月の総選挙くらいである。

課題の２点目として、メディアの問題も注目された。民主主義を持続させ、民主主義のもとで権力行使を抑制させる上では政治や政策、経済、社会問題について有権者が正確な情報にアクセスできることが重要である。林香里氏は日本のメディアの正確性は高いと評価する（林 第３章２３４頁）。また政権批判をすることも認める。しかし、いくつかの問題を挙げる。大きな問題は一つのことが話題になるとどのメディアも同じように取り上げることだと指摘する。その一方、社会の問題を先取りした粘り強い調査報道は少ないと嘆く（林 第３章２３６頁）。

安部氏は日本のメディアのネット戦略が不十分で、広告モデルからサブスクリプション・モデルに移行できていないことを危惧している。良い記事を書く記者を維持する「原資をどこも持てなくなってくる」と警鐘を鳴らす（安部 第３章２３９頁）。また、メディアが権力を監視するだけではなく、そこから見えてくる問題にどう対処していくべきかと提案することには踏み込もうとしないことにも注意を喚起する（安部 第３章２４０頁）。

さらに高安氏はメディアと権力の関係について強い警戒感を示す。まず高安氏は「国境なき記者団」による「報道の自由」ランキングで日本の順位が近年下がっていることを紹介する（高安 第1章47頁）。また政治家側からのメディア攻撃にも懸念を示し、テレビ局に対して、放送法が求める中立報道を名目に政権に批判的な報道を抑制させているのではないかと指摘する（高安 第1章48頁）。

日本の民主主義における課題の3点目は、多様性、特にジェンダー・ギャップの存在である。「世界経済フォーラム」が2021年3月に発表した「ジェンダー・ギャップ指数2021」の中で日本は120位である。鹿毛氏によれば、2021年の衆議院議員総選挙の女性候補者比率は17％で2000年の総選挙の15％からわずかしか増えていない（鹿毛第3章212頁）。鹿毛氏は、小選挙区制における選挙区サービスが女性にとっては大きな負担であることを一つの理由として挙げる（鹿毛 第3章214～5頁）。

林氏は、議論の中で、東京大学における女性学生比率は20％と低く、東京大学はこれを30％に引き上げようとしていることを紹介し、「それだけでも大きな決断です」と語る（林 第3章215頁）。比率が低いことについて、いくつかの要因が挙げられた。キャリアパスが見えないこと（林 第3章225頁）、東京における一人暮らしのコストが女性のほうが高いこと（安部 第3章225頁）、女性が行けるエリート中学校、高校が少ないことなどである（鹿毛 第3章226頁）。

そしてこうしたジェンダー・ギャップの背景にあるのは、テレビのドラマや報道番組で女性に期待される役割が設定され、それが再生産されていることであるという分析がなされた。例えば、林氏は「ニュース番組では「アイドルのようなお天気キャスターのお姉さんが登場して『今日のお天気は〇〇です〜』と言っている姿」のように「女性の役割イメージを固定する表現がそこかしこ」に使用されていると指摘する（林 第3章223頁）。その上で林氏は日本の支配層である「高齢の日本人男性たちがいつまでたっても昭和の核家族――サラリーマンの父親と専業主婦の母親と子ども二人――というような幻想を理想として抱き続けて思考停止」しているからだと喝破《かっぱ》する（林 第3回224頁）。

また日本の問題は林氏が「幻想」とした「理想」を、国家も制度として後押しを続け、そして現在もその制度を維持していることである。すなわち、日本の年金制度や税制は明らかに女性を専業主婦にすることを促してきた。そしてこれを変えることは多くの専業主婦層がすでに有権者として存在するために難しいというディレンマがある。残念ながらジェンダー・ギャップに関して「日本が誇れるところはあまりない」（安部 第3章228頁）。

V 最後に――民主主義の質のさらなる向上に向けて

以上、第1章~第3章の内容をまとめながら、日本の民主主義の現状について評価し、他国に参考となる点や課題について論じてきた。

代議制民主主義という統治の仕組み、権力のあり方は、そもそもは欧米諸国において発達してきた制度である。日本の事例は非欧米圏でも民主主義を成立させ、定着させることができることを示している。かつて一部の研究者が政治文化が異なるアジア圏においては民主主義の成立は難しいということを真剣に説いたことを踏まえると、日本の経験はこれに対する反証としてとても貴重である。さらに日本の民主主義の歩みは政治文化が違う民主主義国においても制度変更という自己改革が可能であることを示している。さらに、腐敗の縮小や市民社会の拡充という民主主義の質の向上も実現できることを明らかにしている。

もちろん本章で強調したように政党間競争の程度、有権者の政治意識、メディアの現状、ジェンダー・ギャップなどの面で日本の民主主義は課題を抱えており、さらにその質を改善する余地がある。ロバート・ダール（アメリカの政治学者）が強調したように完璧な民主主義は世界に存在しない。しかし、さらに質を改善させることが望ましく、その努力は他の国にとっても参考事例となるはずである。

1　砂原庸介『分裂と統合の日本政治——統治機構改革と政党システムの変容』（千倉書房、２０１７年）、建林正彦『政党政治の制度分析——マルチレベルの政治競争における政党組織』（千倉書房、２０１７年）。

あとがき

本書は日本国際交流センター（ＪＣＩＥ）が一般財団法人ＭＲＡハウス及び米国の全米民主国際研究所（National Democratic Institute, ＮＤＩ）の助成を受けて行った『日本の民主主義の再評価』プロジェクトの一部として企画した座談会の結果を書籍に発展させたものである。

コロナ危機中の２０２１年初夏に国際交流センターの勝又英子さん・田井中亮さんからこのプロジェクトのために日本の民主主義の現状をさまざまな面から評価する座談会を企画することについてのご相談を受けた。センターのリサーチ・フェローを兼ねる佐橋亮（東京大学准教授）さんとも内容や構成などについて話し合った上、企画を3部構成とし、第1回目で全体を評価（第1章「日本の民主主義の現状」）、第2回目で統治機構を分析（第2章「統治機構」）、第3回目で市民社会・多様性・メディアを検討（第3章「市民社会・多様性・メディア」）することを決めた。

議論を行うために、現代日本政治を代表する研究者として、第1回目の座談会には、高安健将さん、谷口尚子さん、マッケルウェイン盛ケネスさん、第2回目には、砂原庸介さん、彦谷貴子さん、待鳥聡史さん、第3回目には、鹿毛利枝子さん、林香里さんに声をかけた。さらに、第3回目には、市民社会の中で社会起業家であり、メディアも運営している安部敏樹さんに加わっていただいた。第1回目、第2回目、第3回目の座談会をそれぞれ2021年8月12日、9月29日、10月27日に実施した。

研究者の方々にはこれまでの研究から得られた知見を存分に披露していただく一方、安部さんには自らの実務経験に基づく興味深いお話をしていただいた結果、三つの座談会の内容は非常に充実したものとなった。

座談会の結果をJCIEのホームページに日本語で掲載し、続いて英訳して公開した。さらに書籍化することにより、日本の民主主義の現状の評価について多くの人々の関心を集めることを期待できるため、佐橋さんに楽工社をご紹介いただき出版することができる運びとなった。書籍化できたことを心より嬉《うれ》しく思っている。

多忙を極める中、座談会に参加し、長年の研究・実践の成果を存分にご提供下さり、書籍化の際にも幾度にもわたる改訂作業にご尽力くださった共著者の方々に、心よりお礼を申し上げたい。ＪＣＩＥの勝又さん、田井中さんには企画の初めから大変お世話になった上、本書を出版するためご尽力くださり、御礼申し上げたい。また、企画当初から内容などにご助言下さった上、出版社をご紹介いただき、さらに出版に関係するいろいろなご相談に乗ってくださった佐橋さんに心より感謝申し上げる。さらにＮＤＩなどとの調整を行ってくださった米国法人日本国際交流センター（ＪＣＩＥ／ＵＳＡ）の加藤和世さんにも御礼申し上げたい。

また、この企画を助成くださった一般財団法人ＭＲＡハウス及び米国の全米民主国際研究所（National Democratic Institute, ＮＤＩ）にも深く感謝申し上げる。さらに、ＪＣＩＥには本書の出版を助成いただいた。心より御礼申し上げたい。

猛暑が続く東京で
２０２４年8月
竹中治堅

付録

アジア8か国・若年世代の、政治に関する意識調査レポート

日本、韓国、マレーシア、インド、インドネシア、
フィリピン、シンガポール、タイ

■調査の背景と目的

世界191の国と地域のうち、9割近くが下院の選挙権年齢を18歳以上としている。日本でも、2015年の公職選挙法の改正により、選挙権年齢が20歳から18歳に引き下げられた。若い世代は、ますます政治に関心を持ち、積極的に参加することが期待されているが、実際に若者の政治参加率を高めることについては、世界各国とも課題を抱えている。

日本では、国政選挙における20代、30代の投票率が他の年齢層に比べて低い水準にとどまっている。また、日本の若者の多くが「政治に興味がない」「自分の生活とは関係ない」と考えているとされている。専制的な政権や抑圧的な社会体制と戦わざるを得ない他国の若者と比べ、日本の若者は、自らの権利を守るために政治的な活動に駆り立てられるほどの不満を持っていないとの見方もあるといえよう。

しかしながら、10年後、20年後の社会は、この世代の若者たちの手に委ねられている。民主主義が有効に機能するためには、一人ひとりが自律心を養い、社会のことを自分事としてとらえ、主体的に関わっていく社会性を身につけることが不可欠である。若者が政治に参加せず、社会性が希薄になっていることは、民主主義の基盤が脆《ぜい》弱《じゃく》化しつつあることを示唆している。特に、少子高齢化が急速に進む日本において、若者の政治・社会への参画は、民主主義の未来のみならず、日本社会の将来と存続に密接に影響する。若者の考えや行動を政治に包摂する力が、今まさに問われているといえよう。

こうした問題意識から、(公財)日本国際交流センター(JCIE)の「民主主義の未来――私たちの役割、日本の役割」プロジェクトでは、若い世代、いわゆるZ世代、ミレニアル世代における自国の政治への関心や自身の政治意識、さらに新型コロナウイルス感染症のパンデミックを経験したことによる政治に対する意識の変化を捉えるため、アジア8カ国(日本、韓国、マレーシア、インド、インドネシア、フィリピン、シンガポール、タイ)の18~39歳を対象に、政治認識と関与についてのオンライン調査を実施した。民主主義の未来を考える上で、次世代の担い手としての若い世代の考えや行動は重要であり、調査結果は、いかに次世代の考えを聞き政治に包摂していくか、その研究基礎資料とする。

■調査の実施概要

（1）調査主体
（公財）日本国際交流センター「民主主義の未来――私たちの役割、日本の役割」プロジェクト

（2）調査方法
Qualtrics社によるインターネット調査

（3）調査時期
2022年5月6日（金）～20日（金）

（4）調査対象者
アジア8か国（日本、韓国、マレーシア、インド、インドネシア、フィリピン、シンガポール、タイ）の18～39歳。年代、性別とも、偏りがないように調整した。職業については、有職者が6割、学生が2割強という分布であった。
※選挙権年齢：17歳～（インドネシア）、18歳～（日本、韓国、マレーシア、インド、フィリピン、タイ）、21歳～（シンガポール）

（5）有効回答数
3566名
［各国内訳］
日本466名、韓国439名、マレーシア444名、インド437名、インドネシア435名、フィリピン445名、シンガポール439名、タイ461名

日本の国政選挙における年代別投票率（抽出）について

国政選挙の年代別投票率は、2021年10月に行われた第49回衆議院議員総選挙では、10歳代が43.21％、20歳代が36.50％、30歳代が47.12％となっている（全年代を通じた投票率は55.93％）。下記の表にあるとおり、2022年7月の第26回参議院議員通常選挙では、10歳代が35.42％、20歳代が33.99％、30歳代が44.80％となっている（全年代を通じた投票率は52.05％）。いずれの選挙でも他の年代と比べて、10代から30代の若年層の投票率は低い水準にとどまっている。

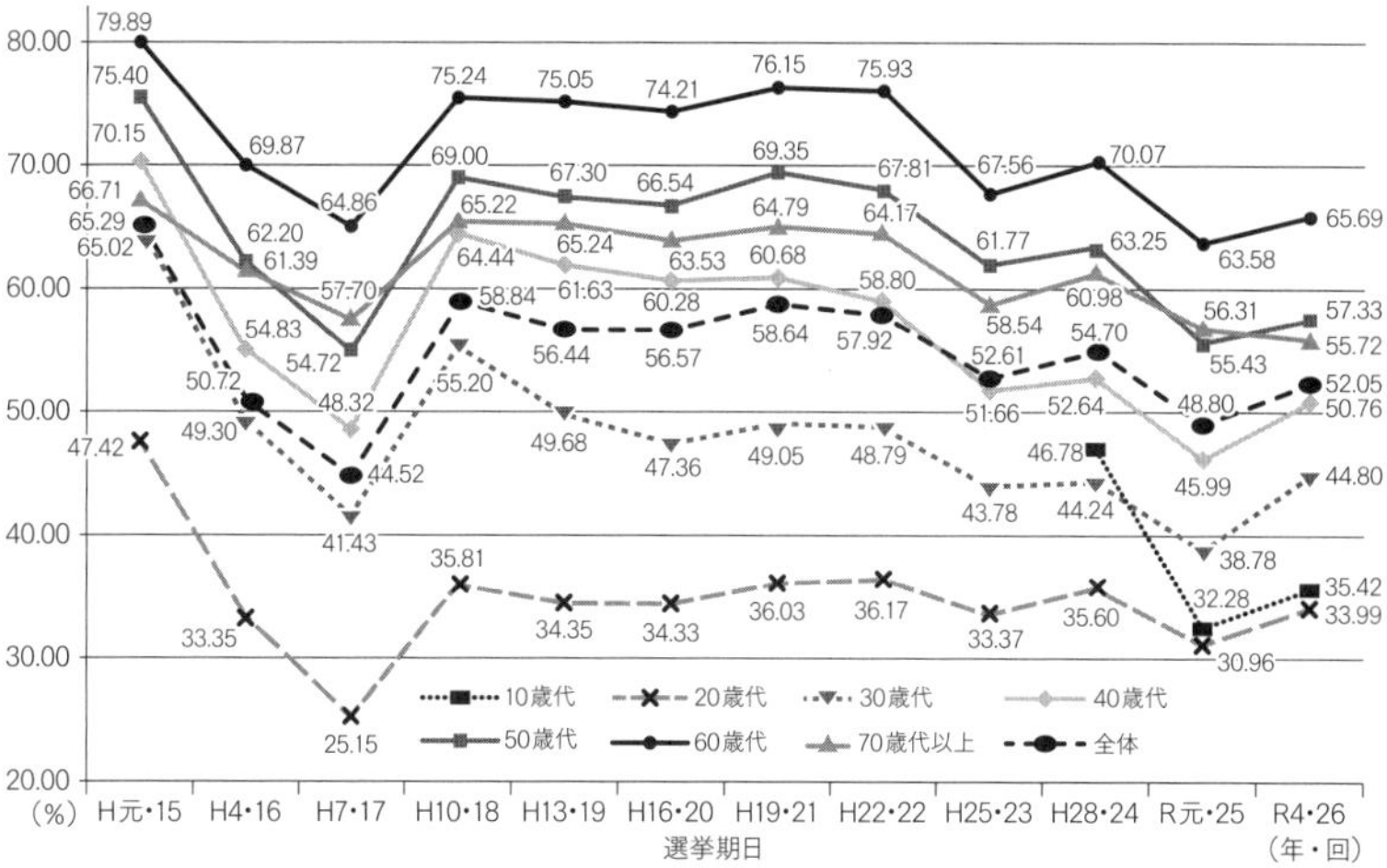

※この表のうち、年代別の投票率は、全国の投票区から、回ごとに142～188投票区を抽出し調査したもの
※第24回の10歳代の投票率は、全数調査による数値
出典：総務省「参議院議員通常選挙における年代別投票率（抽出）の推移」（https://www.soumu.go.jp/senkyo/senkyo_s/news/sonota/nendaibetu/）

■質問項目

7つのカテゴリー（政治への関心度、政治と生活の関連、有効性感覚、政治参加、政治の情報ソース、学校における政治教育、他国との連帯）ごとに設問を構成した。設問によっては1つのみ答えるもの（単数回答）と最大3つまで答えるもの（複数回答）がある。設問は日本語、英語のほか、タイ語、インドネシア語、韓国語に翻訳し、各地域における母国語で回答ができる環境を整えた。

政治への関心度	問1	自分の国の政治に関心がありますか？
	問2	コロナ禍で政治への関心がどう変わりましたか？
政治と生活の関連	問3	自分の生活が政治とどの程度関係すると思いますか？
	問4	政治を最も動かしているのは誰だと思いますか？
有効性感覚	問5	国政選挙の際、私たち国民の投票は国の政治にどの程度影響を及ぼしていると思いますか？
政治参加	問6	政治に対する意識として一番近いものはどれですか？
	問7	家族や友人などと政治的な事柄を話題にしたり議論したりすることがありますか？
政治の情報ソース	問8	政治に関する情報を得るにあたり、最も利用する頻度の高い情報媒体を、最大3つまで選択してください。
学校における政治教育	問9	学校で政治や選挙の重要性を教えることは必要だと思いますか？
他国との連帯	問10	他国の政治や情勢に関心がありますか？
	問11	他国において自由や人権が攻撃を受けている場合、当事国以外に誰が対応すべきと思うか最大3つまで選択してください。

■5つの調査結果サマリー

①8か国すべての国において、若者の約60%以上は自国の政治に関心を持つ。

加えて、コロナ禍を経験したことにより、半数以上が政治への関心を高めたという結果を得られた。さらに、50%以上は他国の政治にも関心を持っていることが明らかになった。

②日本を除く7か国の若者は、政治をより身近に感じている。

政治と生活の関連度を聞く質問においては、日本を除く7か国の若者の約80%以上は自分の生活が政治と関連が高いと実感している一方で、日本は70%弱であり、他国と10%以上のギャップが示された。

政治的有効性感覚を聞く質問では、日本を除く7か国の有効性感覚は非常に高く、自分の票が政治に影響していると90%近くが実感している一方で、日本においては、影響していると思う人が60%程度しかおらず、他国と比較して大きな乖離《かいり》があった。

日常的に政治的な話をするかどうかの質問に対しては、日本を除く7か国の約60%以上は家族や友人などと政治的な事柄を話題に「よくする」「たまにする」と回答する一方で、日本で同じ回答した人は半分を割り込んだ49%しかおらず、「全くしない」と回答した人の割合は日本だけ突出して高く、23%となっている（日本を除く7か国の平均は5%強）。

③政治に関する情報を得る情報媒体についての質問において、TOP3は、「テレビ」「インターネット」「SNS」が8か国すべてに共通する回答であった。

④年代別での分析結果では、より若い世代——18歳から19歳、そして20代の世代——の政治への関心値が総じて低く、30代以降、世代が上がるにつれて関心値が高い傾向がいくつかの設問を通して見られた。

例えば、自国の政治関心度においては、全体としては6割以上が関心を示す一方で、世代別でみると18~19歳の「関心がある」の割合が他の世代と比較して一番低く、世代が上がるにつれて、関心度も上がる傾向が見られており、同様の傾向は他の質問でもみられた。

⑤他国との連帯では、他国において自由や人権が攻撃を受けている場合、当事国以外に「自国の政府」「国連や多国間の連携」、「市民社会」が対応すべきと、8か国中4か国が支持している。

政治への関心度

問１：自分の国の政治に関心がありますか？

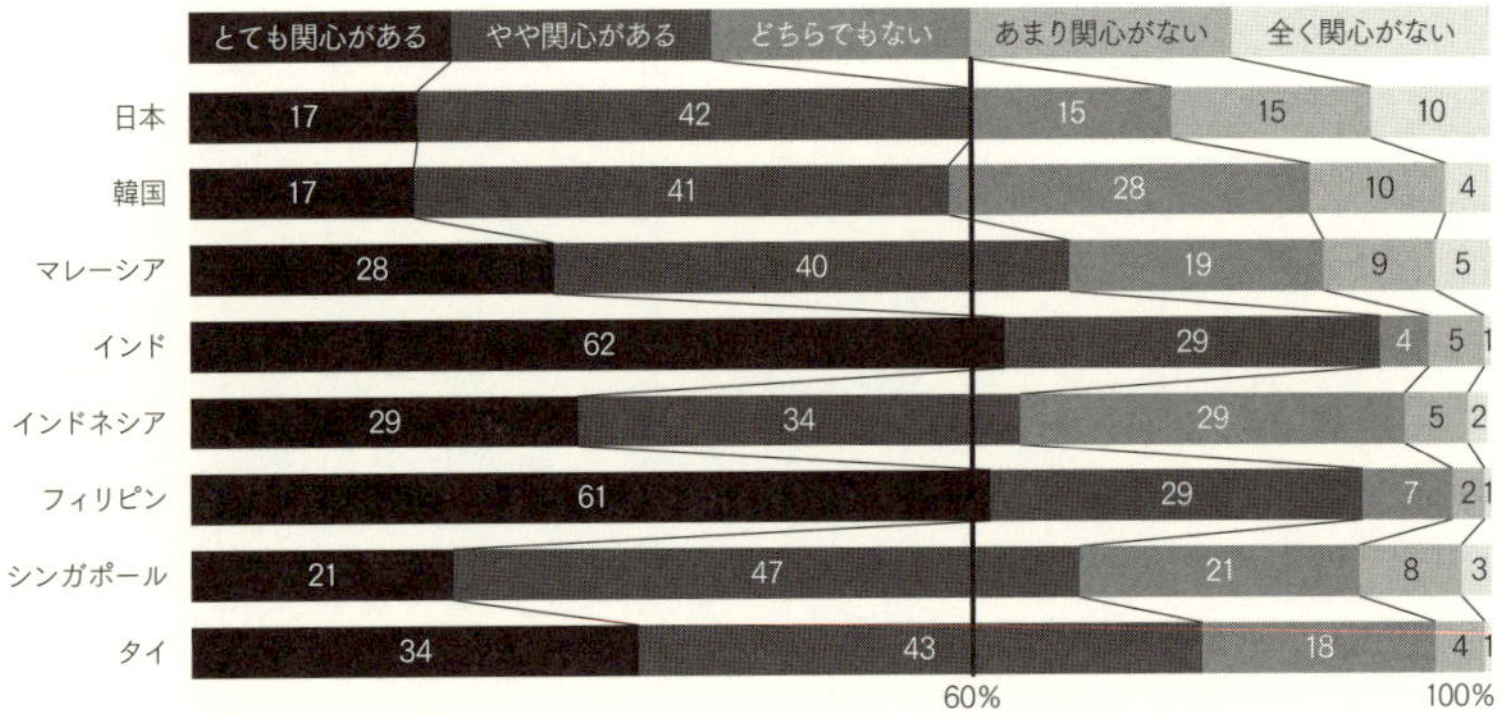

自分の国の政治に関心があるか聞いたところ、すべての国の60％近く、それ以上は、「関心がある」（「とても関心がある」＋「やや関心がある」）と回答があった。

国別にみると、インドとフィリピンが、他の6か国と比較し関心度が顕著に高く、9割以上が、「関心がある」と回答している。

他方、日本と韓国は、「関心がある」と回答した割合がそれぞれ59％と58％と、他の6か国と比較して低い結果が出ている。加えて、「関心がない」（「あまり関心がない」＋「全く関心がない」）も、この2か国の割合が相対的に大きく出た結果となった。

特に日本においては、回答者全体の4分の1が「関心がない」と回答しており、日本の若者における政治への関心の低さが、他国と比較して際立った結果となった。

●世代別

　どの国も18歳から19歳の「関心がある」の割合が他の世代と比較して一番低くなっており、世代が上がるにつれて、関心度も上がる傾向が見られた。

　日本の、「関心がない」の割合は、どの世代も他国と比較して高く、中でも20代、30代での割合は顕著に高い。

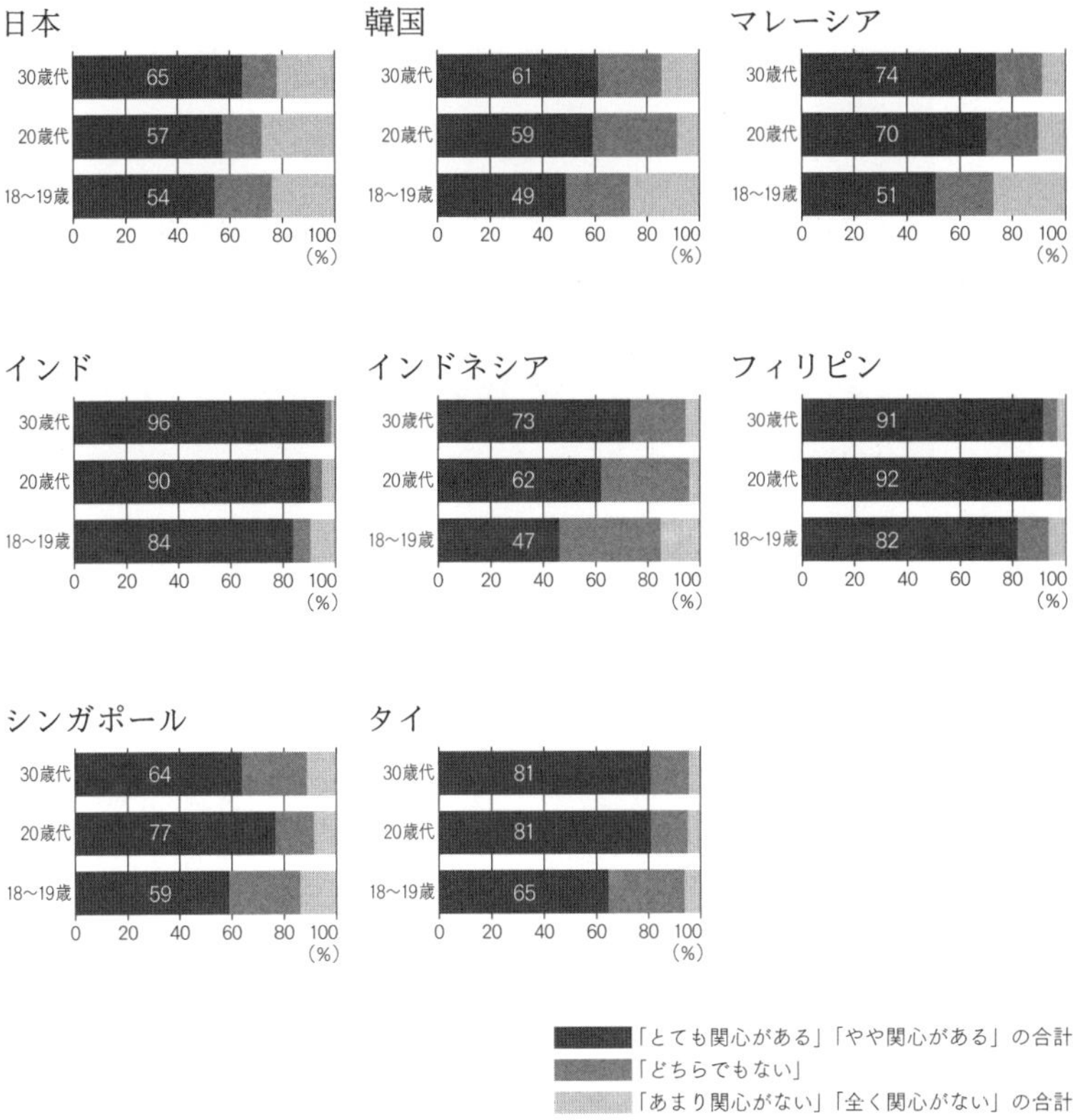

政治への関心度

問2：コロナ禍で政治への関心がどう変わりましたか？

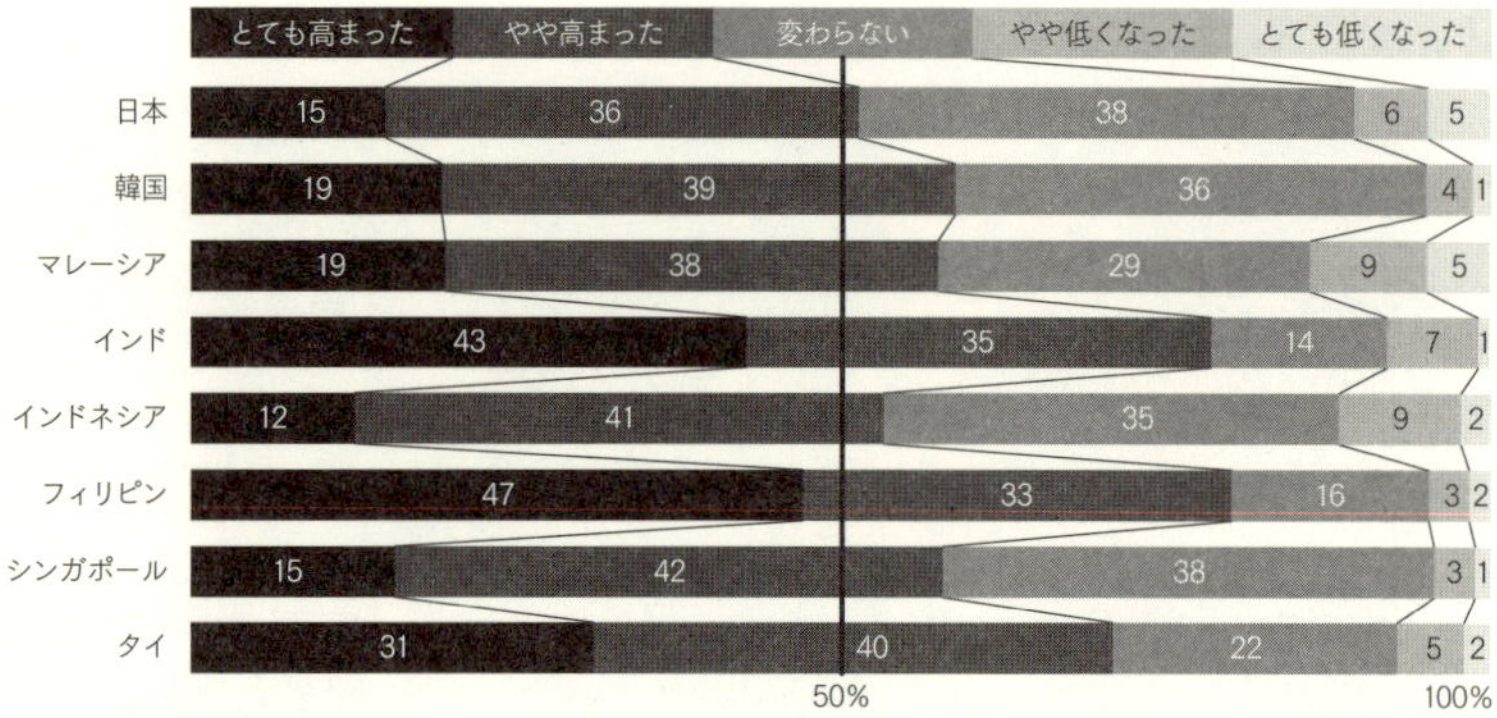

コロナ禍を経て政治への関心度がどう変化したかを聞いた結果、すべての国において、半数以上がコロナ禍で政治への関心が「高まった」（「とても高まった」＋「やや高まった」）と回答している。中でもインド（78％）、フィリピン（80％）、タイ（71％）は、８割近くの若者が関心が高まったと感じている。

一方で、日本、韓国、インドネシア、シンガポールは、半数以上はコロナ禍で政治への関心が高まったと回答しているが、コロナ禍においても政治への意識に変化がなかったと答える層が４割近くを占めている。

コロナ禍で政治への関心が低くなった割合はいずれの国でも小さかった。

政治と生活の関連

問3：自分の生活が政治と どの程度関係すると思いますか？

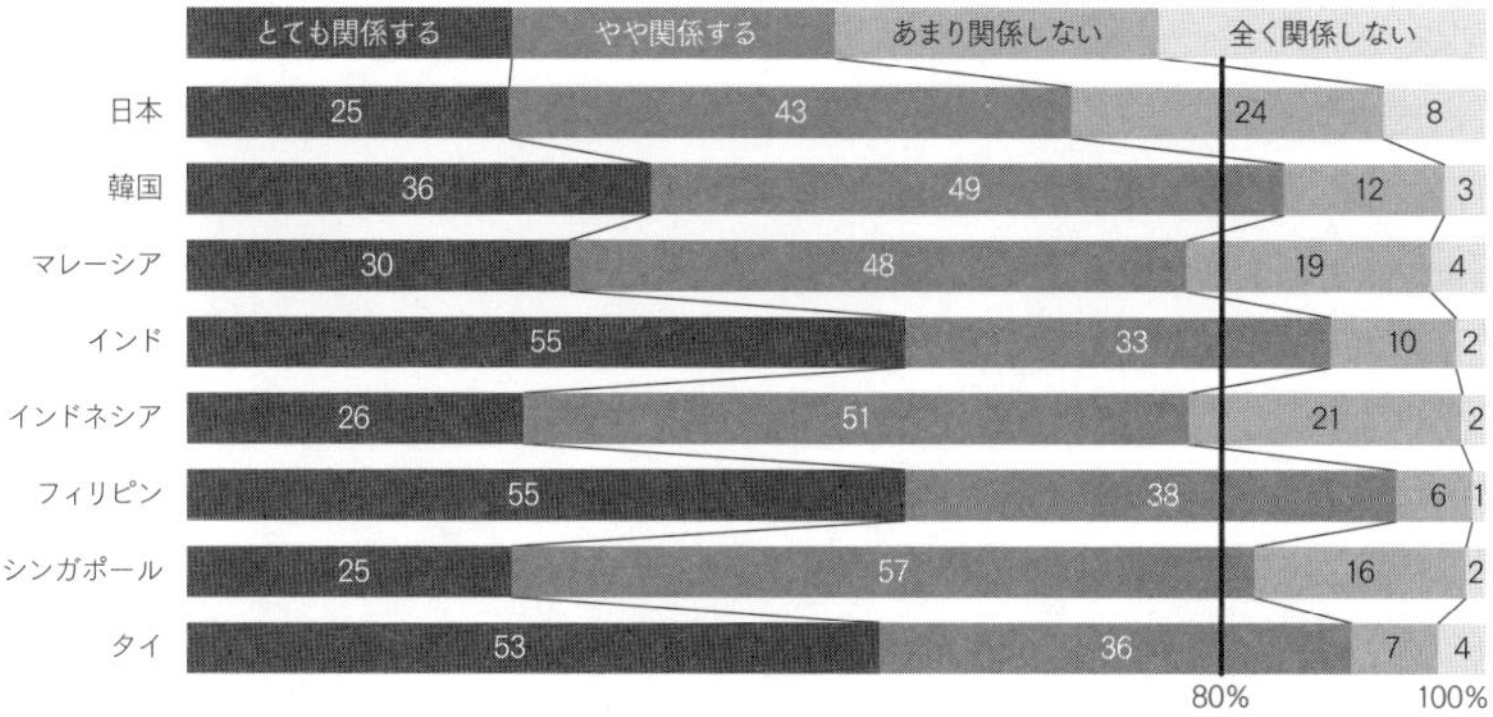

自身の生活と政治がどの程度関係するかについての質問においては、日本を除く7か国の8割近く、それ以上は自分の生活が政治と「関係する」（「とても関係する」＋「やや関係する」）と回答があった。

特に、フィリピン（93％）、タイ（89％）、インド（88％）に高い結果が出ており、次に韓国（85％）、シンガポール（82％）、マレーシア（78％）、インドネシア（77％）と続いた。

日本は、「関係する」と回答した割合が68％と、8か国中最も低く出ていることに加え、「関係しない」（「あまり関係しない」＋「全く関係しない」）の割合が唯一30％を超えており、8か国中一番高い結果となった。

●世代別

自国の政治への関心度と同様に、総じて世代が下に行くほど、生活と政治の関係が薄いと感じていると見受けられる。

日本においては、10代、20代、30代いずれの世代も3割以上は、政治は自分の生活と関係がないと考える傾向が強いことがうかがえた。

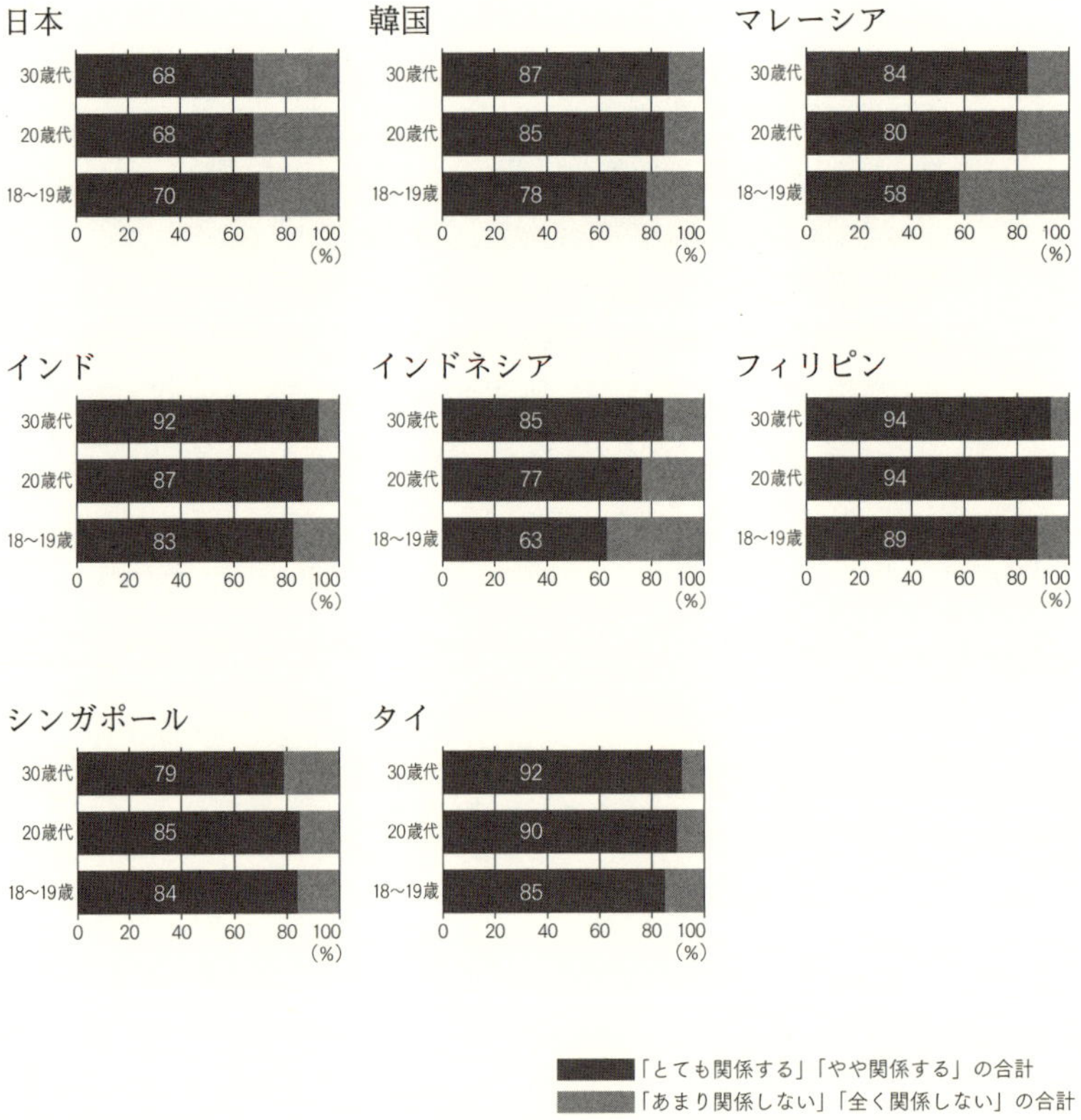

政治と生活の関連

問4：政治を最も動かしているのは誰だと思いますか？

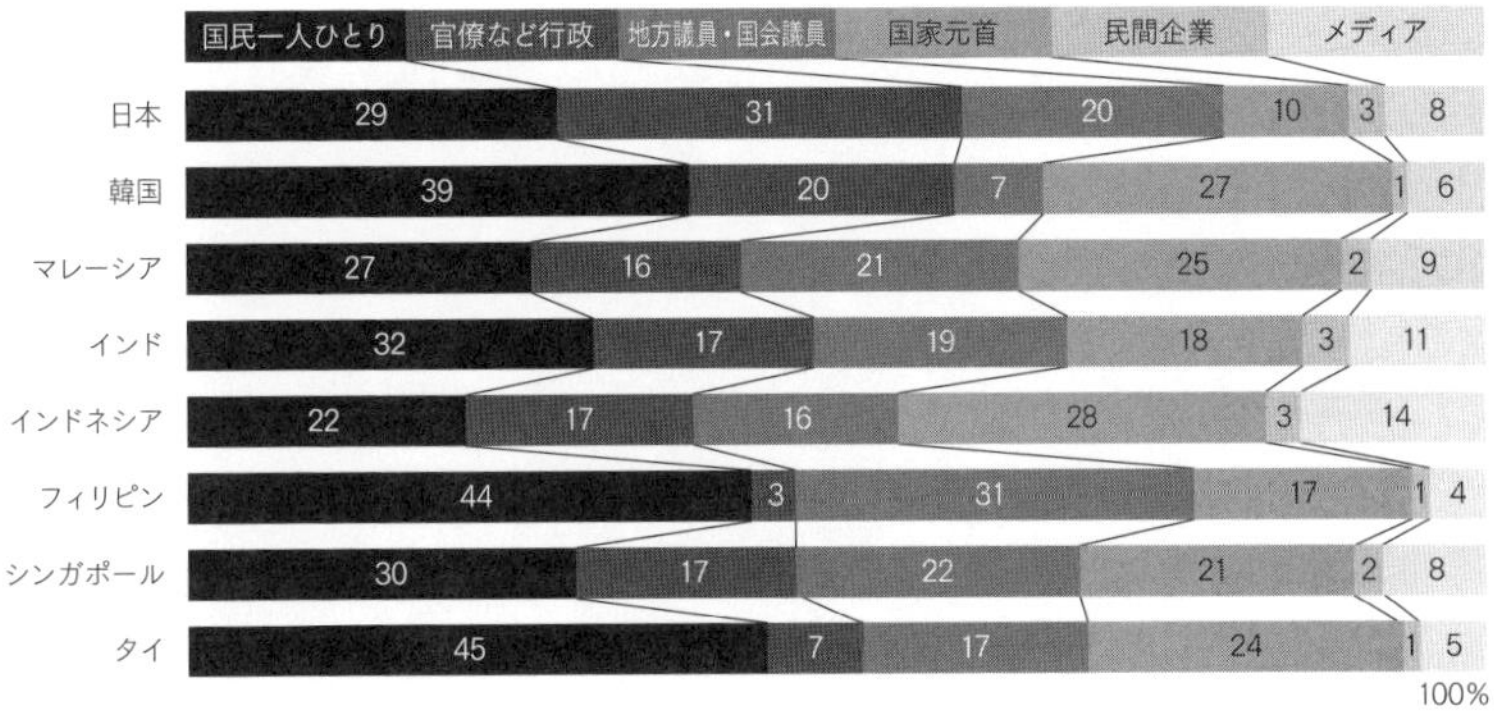

続く政治と生活の関連を聞く質問において、「政治を最も動かしているのは誰だと思いますか？」と聞いたところ、政治の主体が国民にあると考える「国民一人ひとり」の回答が一番多かった国は、タイ、フィリピン、韓国、インド、シンガポール、マレーシアであった。中でもタイとフィリピンは、半数近くの若者が「国民一人ひとり」が政治の主体であると感じていることがわかった。フィリピンにおいては、「地方議員・国会議員」(31％)が「国民一人ひとり」の次に回答が多く、これは他国と比べても相対的に高い傾向にある。

他方、日本は「官僚など行政」(31％)が一番割合が高く、「国民一人ひとり」(29％)を上回っている状況であった。インドネシアは「国家元首」(28％)の割合が一番高い。また、インドネシアは、「メディア」が主体と考える人の割合が他国と比較し、相対的に多い。

●世代別

「国民一人ひとり」の回答が一番多かった6か国（韓国、マレーシア、インド、フィリピン、シンガポール、タイ）の中でも、世代により回答のばらつきがある。韓国、フィリピン、シンガポール、タイは、いずれの世代でも「国民一人ひとり」の割合が最も多い。マレーシアは、20、30代では「国民一人ひとり」の回答が最も多いが、10代は「国家元首」が一番多い。インドは、20、30代は「国民一人ひとり」の回答が最も多い一方、10代は「民間企業」を除きいずれのアクターもほぼ等しい割合を占めている。「官僚など行政」が最も大きな割合を占めた日本は、30代にその傾向が強く、年代が低くなるにつれて「国民一人ひとり」の割合が多い。インドネシアは、年代により「国家元首」を主体と考える割合に大きな変化はないものの、年代が低くなるにつれて「国民一人ひとり」の割合が高くなっている。

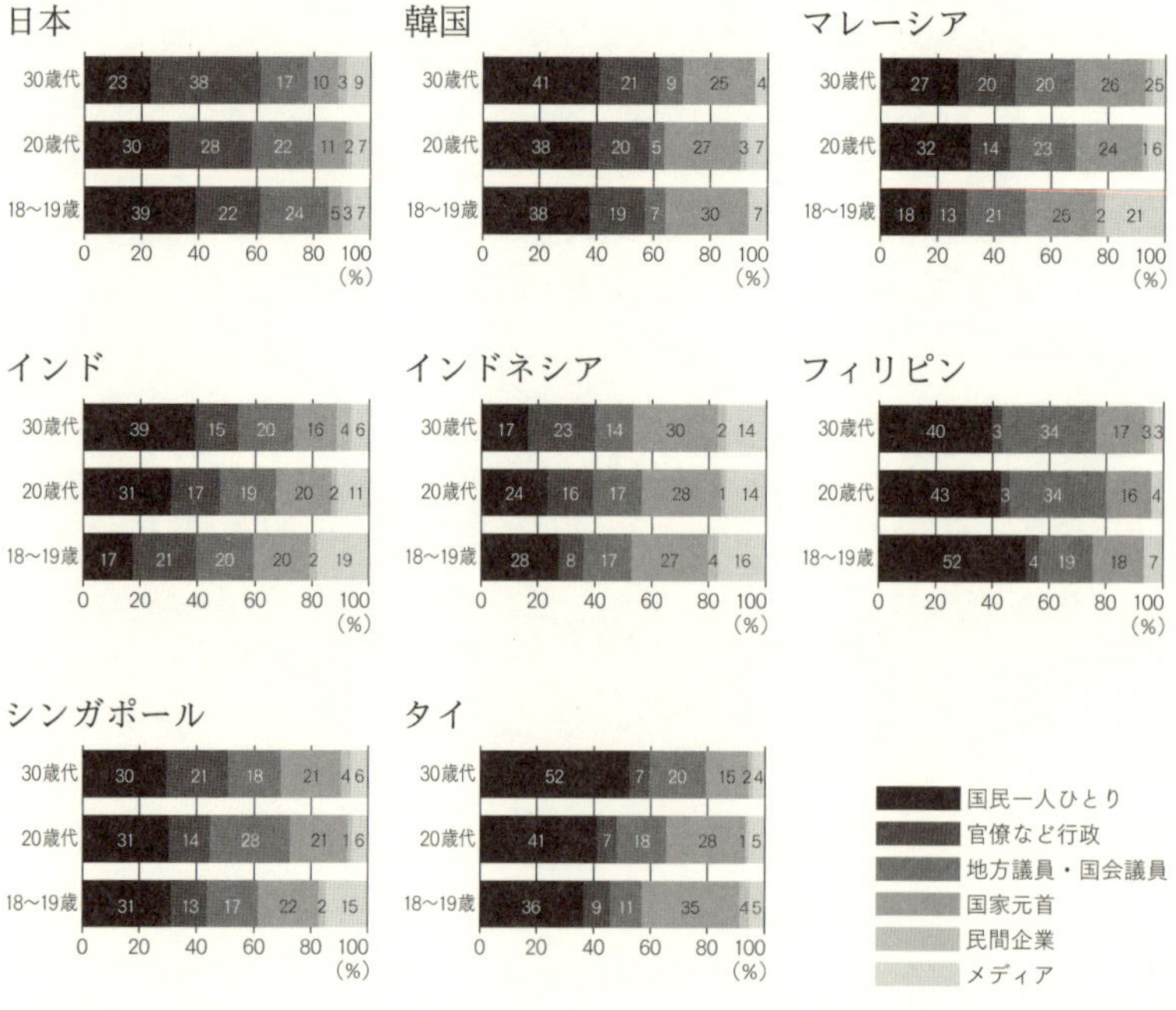

有効性感覚

問5：国政選挙の際、私たち国民の投票は国の政治にどの程度影響を及ぼしていると思いますか？

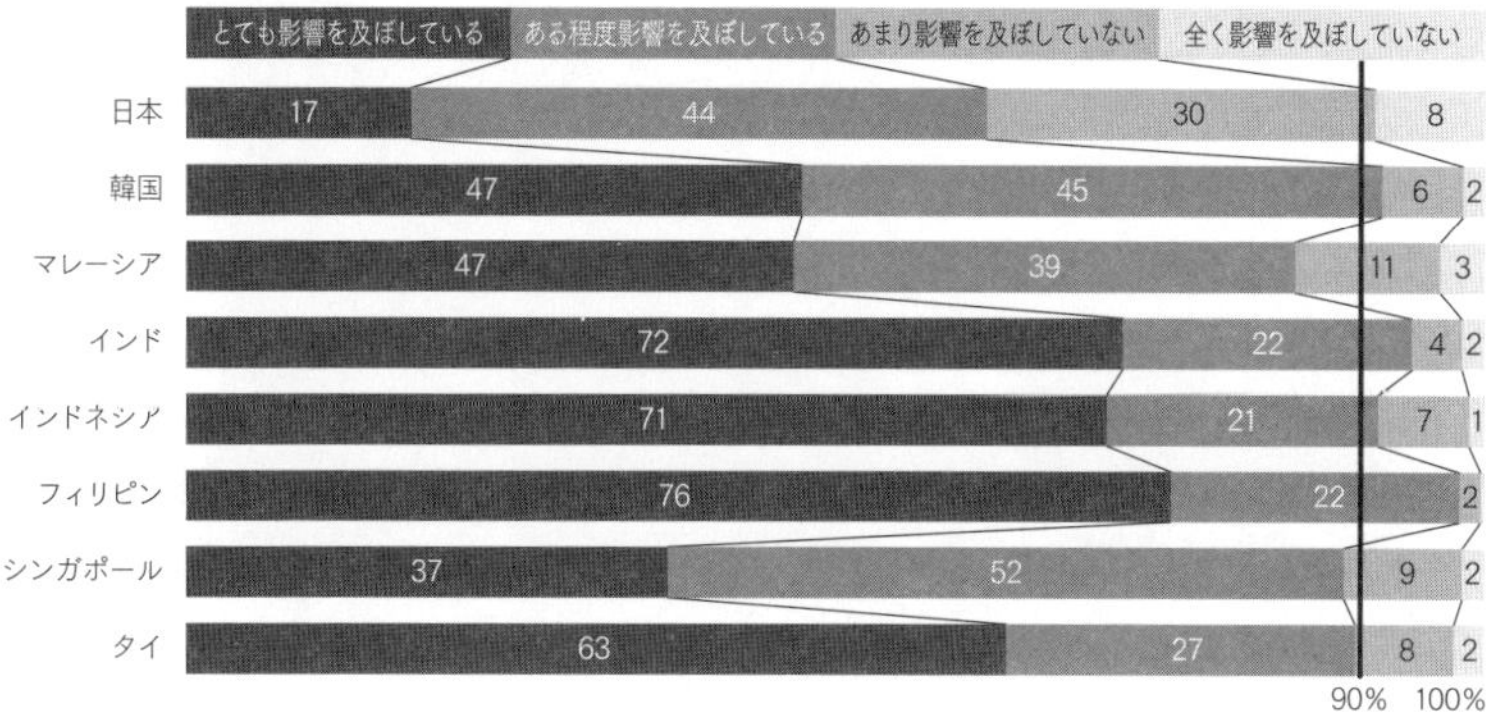

政治的有効性感覚について聞いたところ、日本を除き、7か国の90％近くは「影響を及ぼしている」（「とても影響を及ぼしている」＋「ある程度影響を及ぼしている」）と回答した。

日本においては、4割近くが「あまり影響を及ぼしていない」「全く影響を及ぼしていない」と回答し、他国が90％近くという結果が出ていることと比較すると、有効性感覚にとりわけ低い傾向がみられた。

●世代別

世代別に見ると、日本を除く7か国において、特に10代では「影響を及ぼしていない」と考える傾向が強くみられる。日本ではいずれの世代でも影響が低いと考えられている。

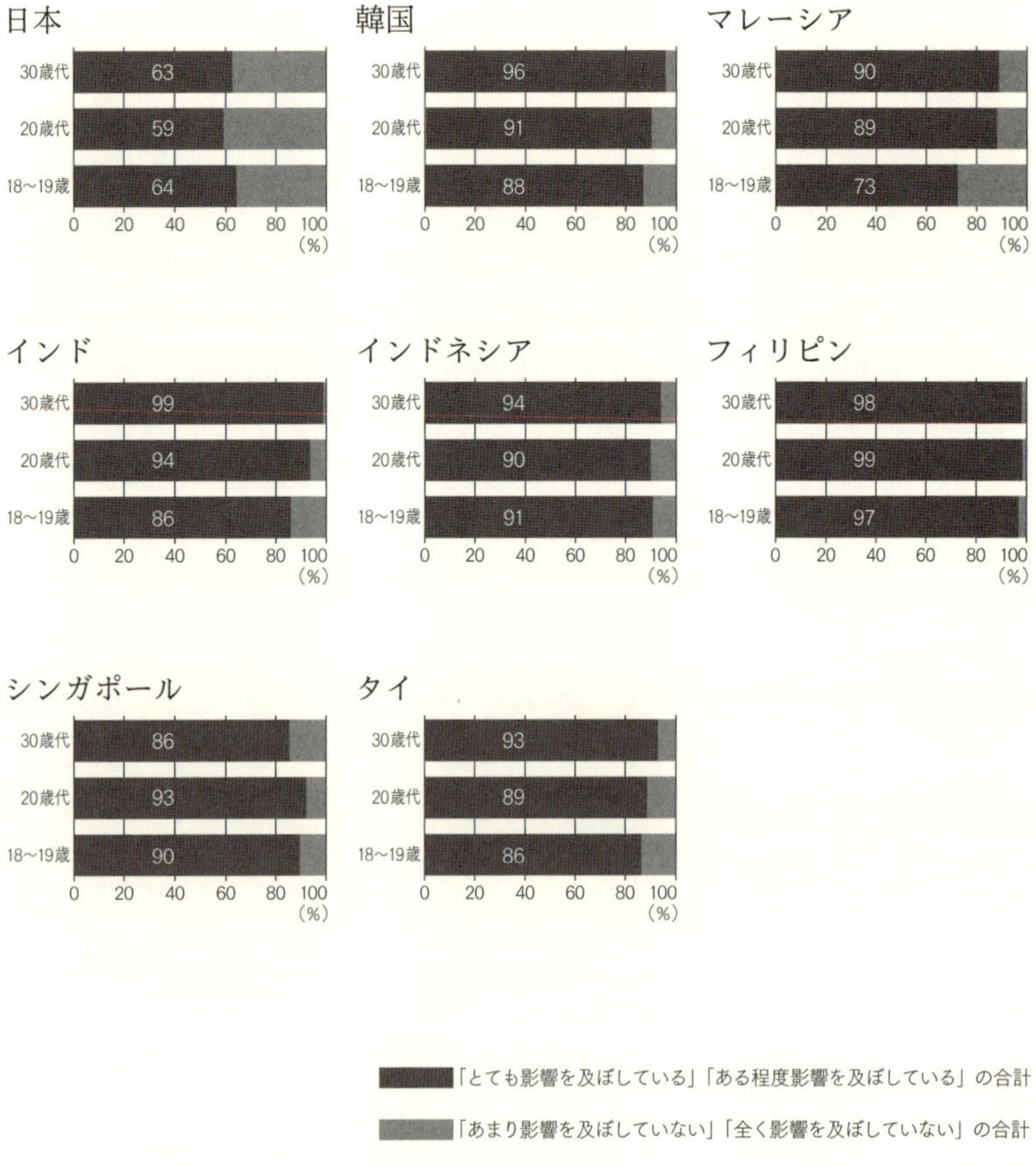

政治参加

問6：政治に対する意識として一番近いものはどれですか？

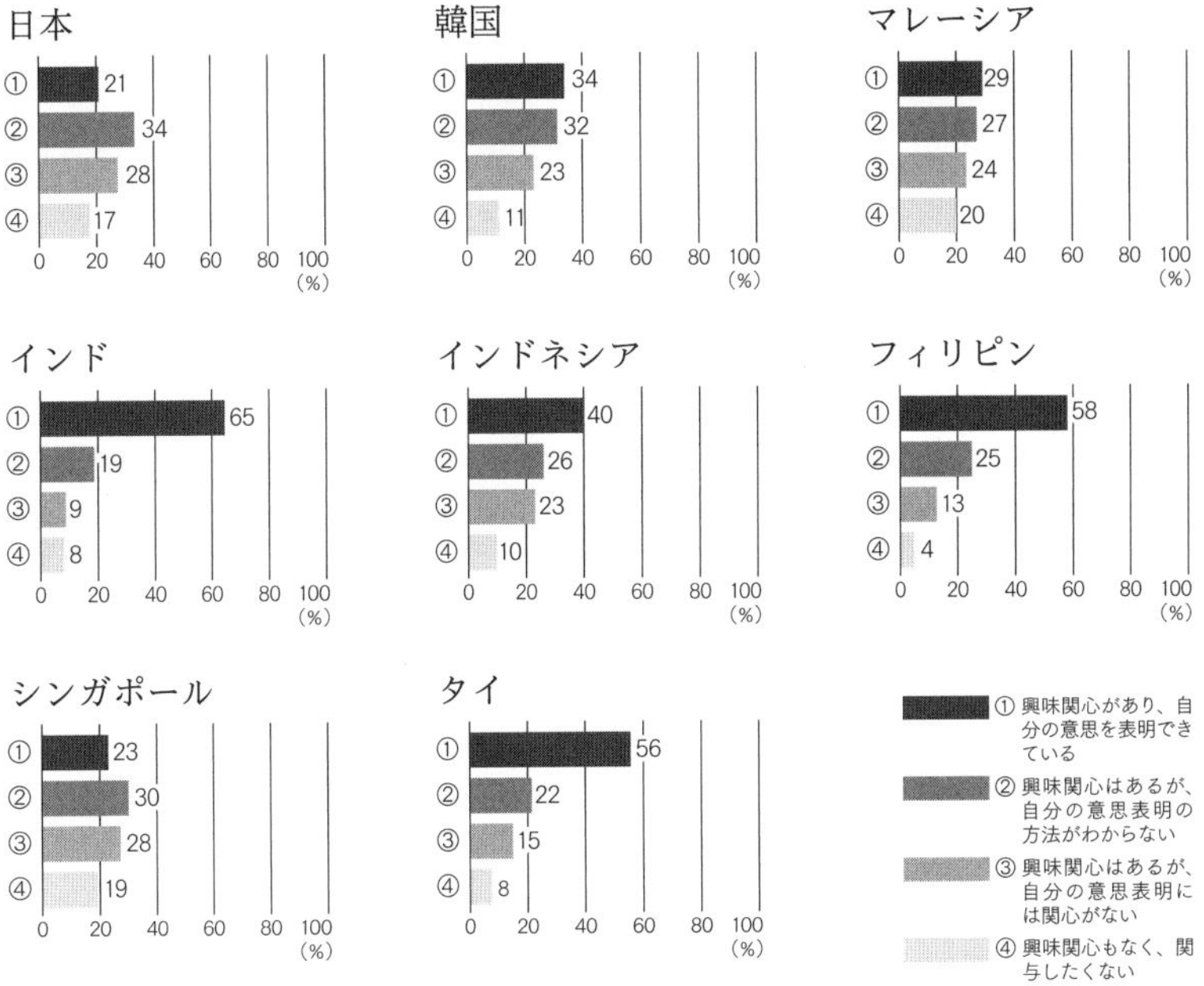

こちらの質問は、政治に対して「興味関心があり、自分の意思を表明できている」、「興味関心はあるが、自分の意思表明の方法がわからない」、「興味関心はあるが、自分の意思表明には関心がない」、「興味関心も無く、関与したくない」の４つの選択肢から１つを選ぶ形式である。インド、インドネシア、フィリピン、タイでは、半数近く、それ以上の若者が政治に対して「興味関心があり、自分の意思を表明できている」と回答している。

他方、日本、韓国、マレーシア、シンガポールのその割合は相対的に低値であった。

●世代別

日本は、政治に対して「興味関心があり、自分の意思を表明できている」の割合は他国と比較すると、どの世代も低い。

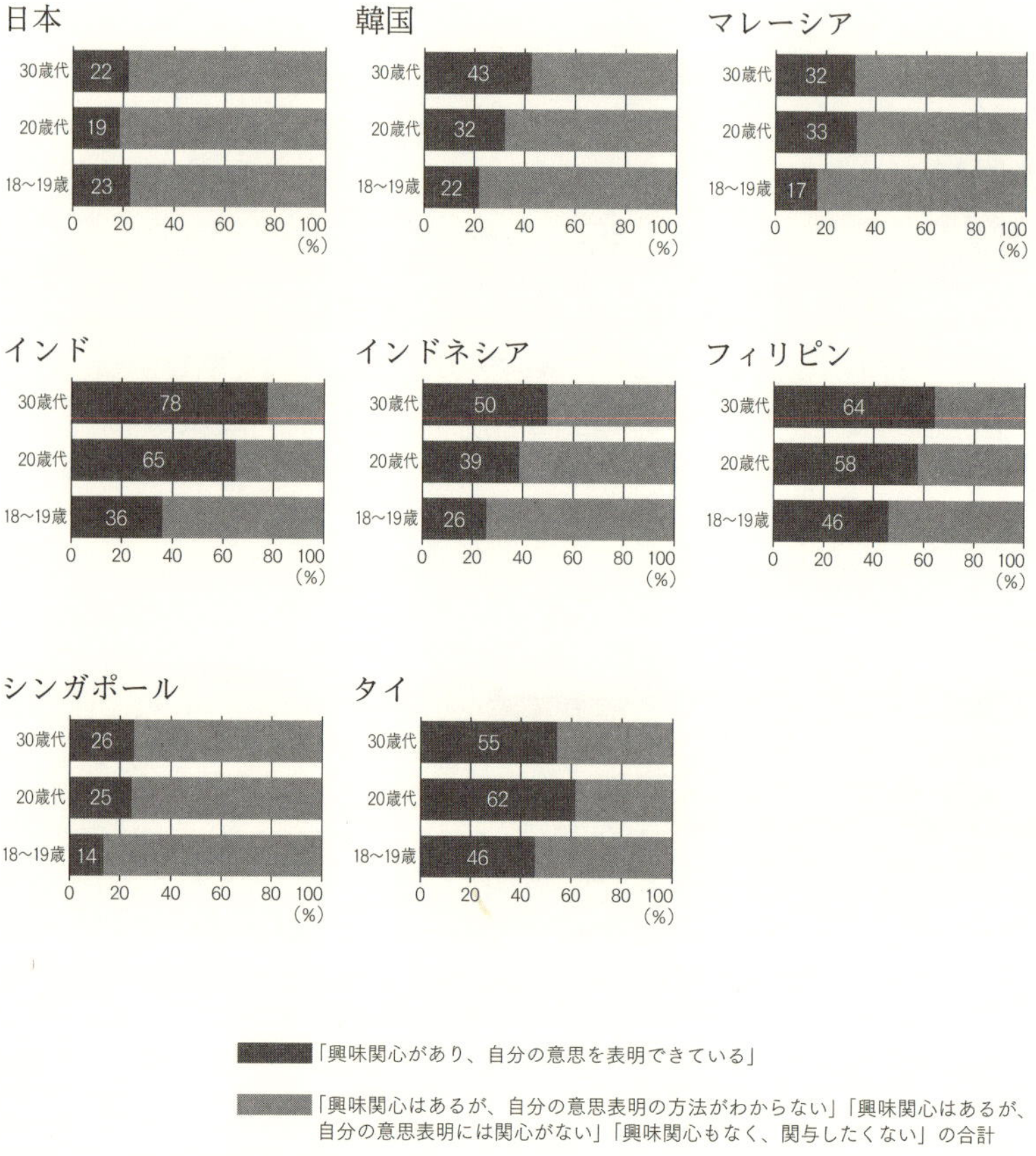

政治参加

問7：家族や友人などと政治的な事柄を話題にしたり議論したりすることがありますか？

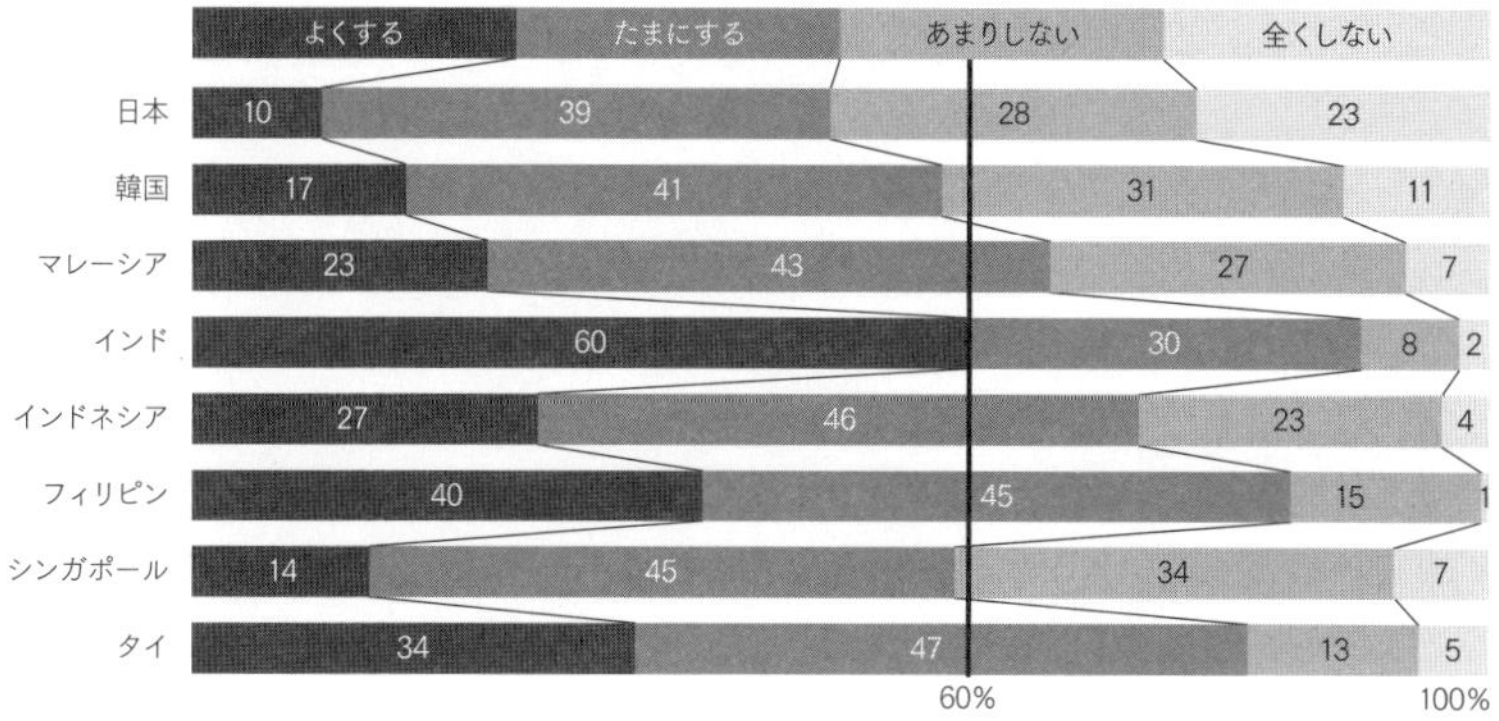

普段から政治的な事柄について家族や友人と話し合う機会があるかどうかを聞く質問において、日本を除き、7か国の6割近く、それ以上は「よくする」「たまにする」と回答している。「よくする」の回答が8か国中一番高かった国はインド(60%)であった。

他方、日本は、「よくする」「たまにする」の割合が8か国中も最も低く、半数に満たない。すなわち、残りの半数以上は議論をしない傾向にあり、中でも「全くしない」が23%で、8か国の中で突出して高い結果になった。

政治の情報ソース

問8：政治に関する情報を得るにあたり、最も利用する頻度の高い情報媒体を、最大3つまで選択してください

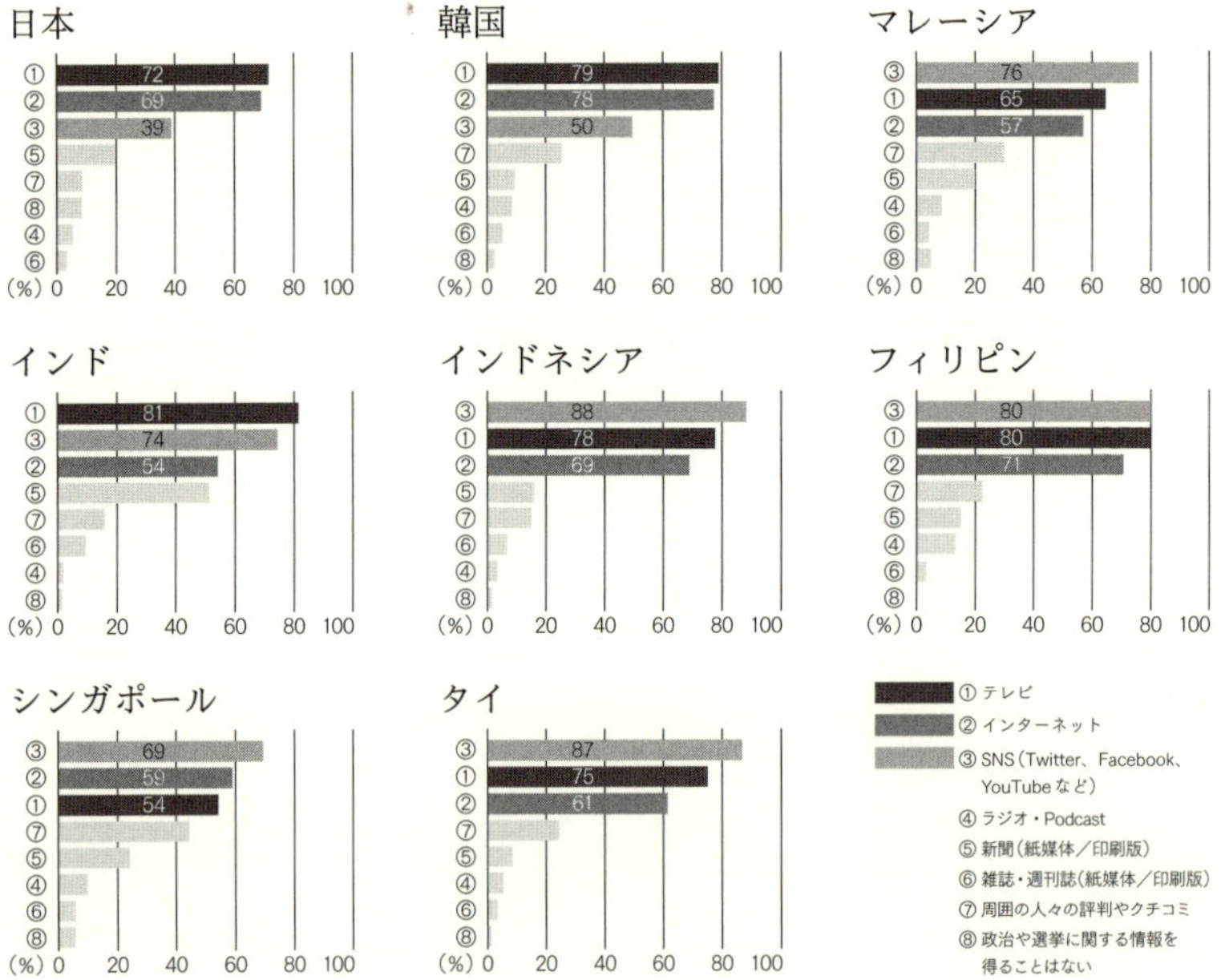

こちらの質問は、政治に関する情報を得る情報媒体として、「テレビ」、「インターネット」、「SNS（Twitter、Facebook、YouTube など）」、「ラジオ・Podcast」、「新聞（紙媒体/印刷版）」、「雑誌・週刊誌（紙媒体/印刷版）」、「周囲の人々の評判やクチコミ」、「政治や選挙に関する情報を得ることはない」の中から最大３つを選ぶ形式である。

８か国すべてにおいて、「テレビ」「インターネット」「SNS」が上位３つの情報ソースであることがわかった。

学校における政治教育

問9：学校で政治や選挙の重要性を教えることは必要だと思いますか？

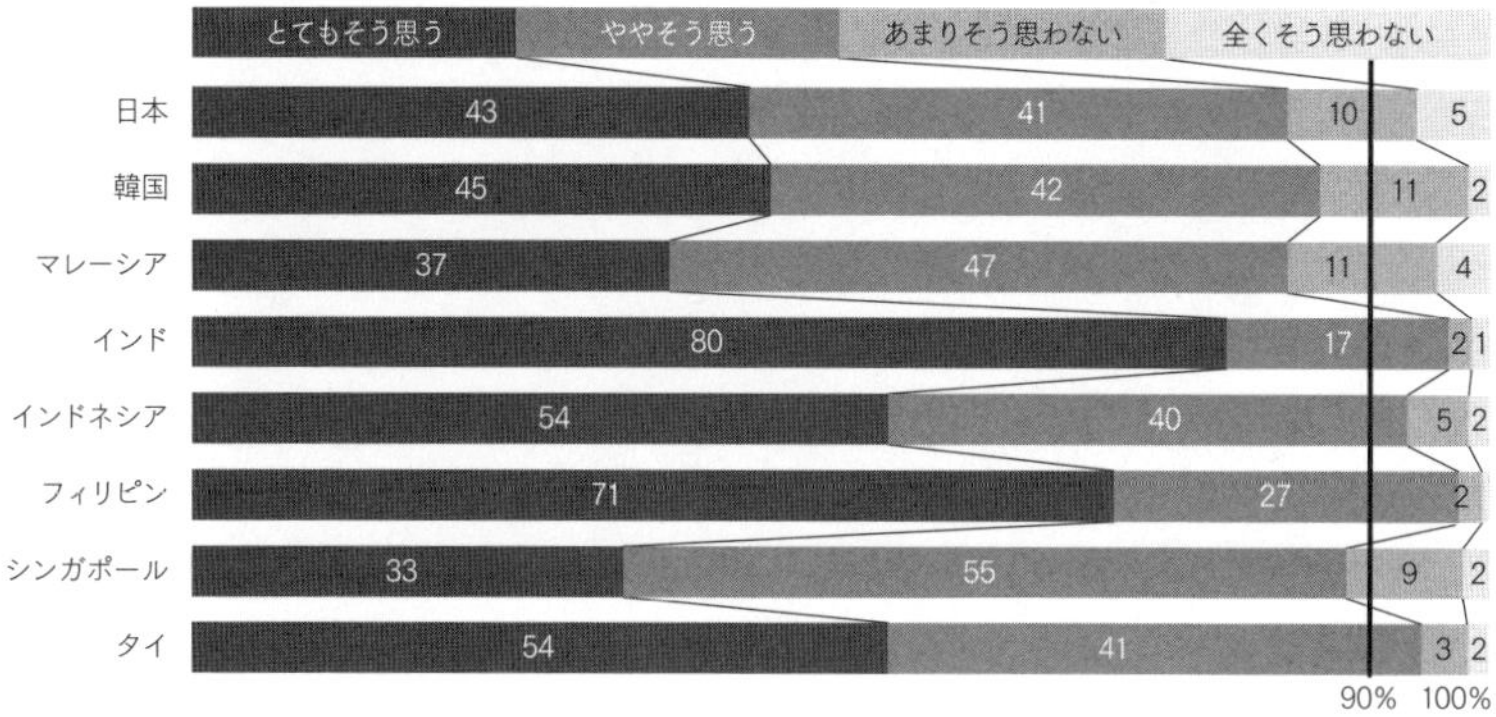

学校での政治や選挙の重要性を教えることについて聞いたところ、8か国すべてにおいて、9割近くを「そう思う」(「とてもそう思う」+「ややそう思う」)が占め、支持の高さがうかがえた結果になった。

現在、日本の小・中・高等学校等においては、学習指導要領に基づき、憲法や選挙、政治および政治参加に関する教育が行われている。具体的には、各学年の社会科、公民科において日本国憲法の基本的な考え方、国民主権を担う公民として必要な基礎的教養、望ましい政治の在り方と政治参加の在り方、政治参加の重要性と民主社会において自ら生きる倫理について自覚を深めること等について指導が行われている。

これらの根底にある教育基本法第14条では、第1項で「良識ある公民として必要な政治的教養は、教育上尊重されなければならない。」と規定したうえで、第2項で「法律に定める学校は、特定の政党を支持し、又はこれに反対するための政治教育その他政治的活動をしてはならない。」と定め、教育の政治的中立性の確保が求められている。

このような状況下、中立性かつ客観性を保ちつつ、異なる政治的な意見や視点を尊重する実践的な学びをいかに促すかについての課題がある。

他国との連帯

問10：他国の政治や情勢に関心がありますか？

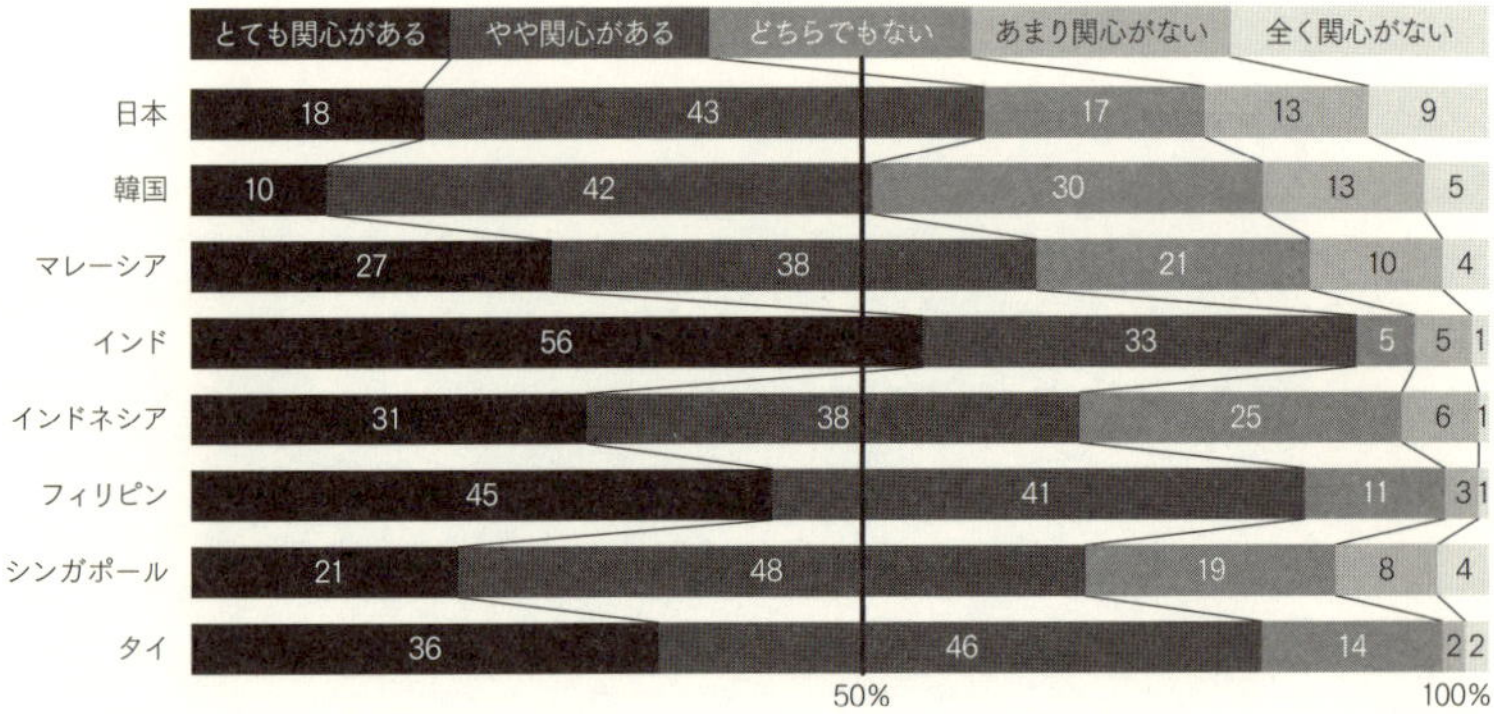

2022年からのロシアによるウクライナ侵攻を受けて、他国の主権と人命が踏みにじられる暴挙や、自由や民主主義が侵害され、そして国際秩序そのものが攻撃を受けていることを目の当たりにしている中で、そのような状況下の当事国以外にどのアクターが対応すべきかについて聞く設問を設定した。

この関連で、自国ではなく他国の政治や情勢に関心があるか聞いたところ、8か国の半数以上は他国の政治や情勢に関心がある（「とても関心がある」＋「やや関心がある」）と回答した。

中でもインド、フィリピン、タイの関心度がその他の国と比較し高い傾向にあり、問1の自国の政治への関心度と傾向が近い結果が出た。

日本と韓国においては、8か国の中で他国の政治や情勢への関心度が低く、こちらも自国の政治への関心度と同じ傾向が見られた。

他国との連帯

問11：他国において自由や人権が攻撃を受けている場合、当事国以外に誰が対応すべきと思うか最大3つまで選択してください。

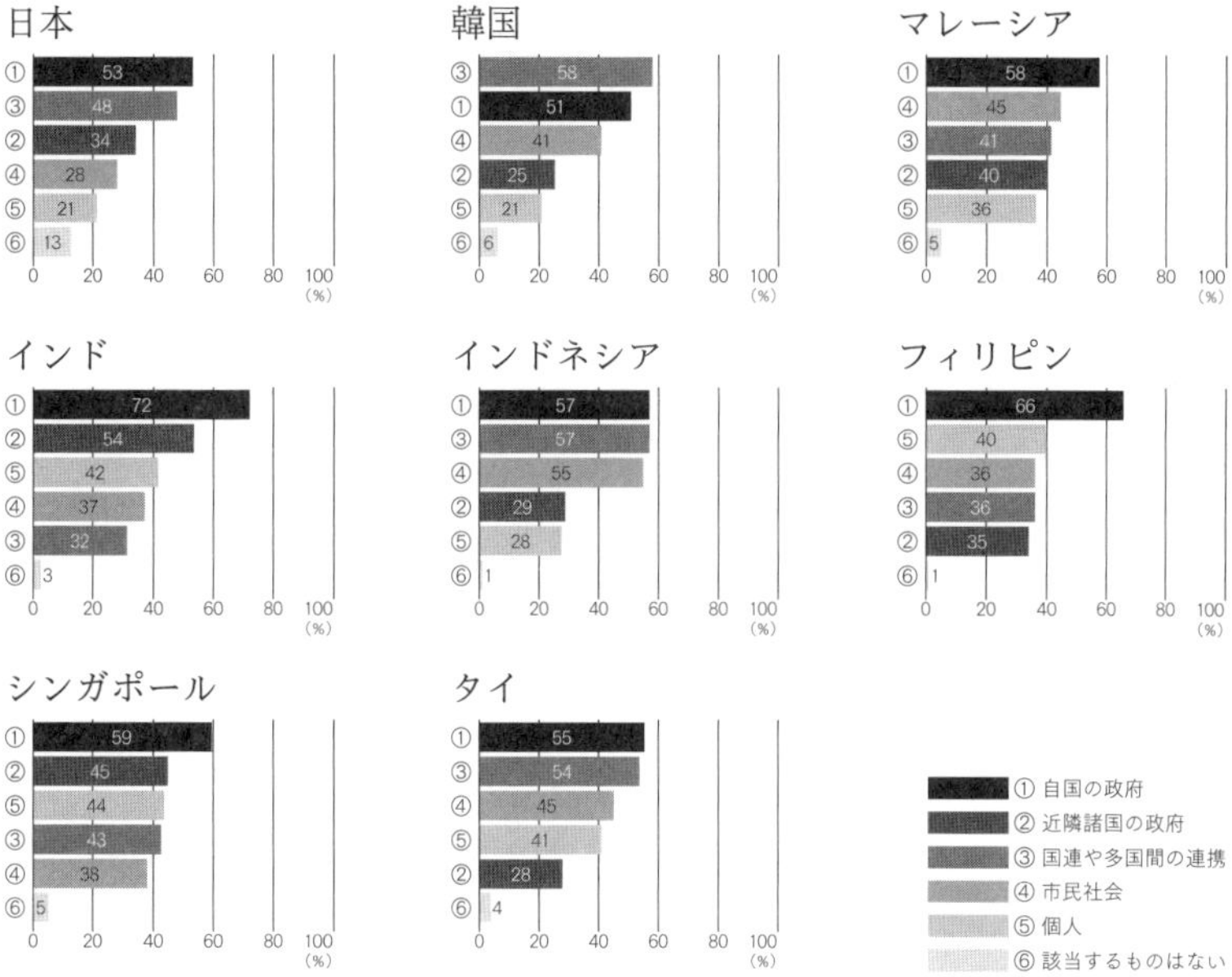

こちらの質問は、「自国の政府」、「近隣諸国の政府」、「国連や多国間の連携」、「市民社会」、「個人」、「該当するものはない」の中から最大3つを選ぶ形式である。

「自国の政府」、「国連や多国間の連携」、「市民社会」を上位3つにあげた国が多い（8か国中4か国）。「市民社会」に着目すると、韓国、マレーシア、インドネシア、フィリピン、タイの5か国では上位3つにランクインしているが、日本、インド、シンガポールの3か国は、割合が相対的に少なく出ており、市民社会への期待が相対的に低いことがうかがえる。

本書出版にあたり、一般財団法人ＭＲＡハウスの支援を受けることができたことに心から感謝申し上げる。

企画・制作統括　公益財団法人 日本国際交流センター

鹿毛利枝子（かげ・りえこ）
東京大学大学院総合文化研究科教授。主な研究テーマは、比較政治学、市民社会論(利益団体論、参加論)。京都大学法学部卒業後、同大学大学院法学修士、ハーバード大学大学院にて政治学博士号を取得(2005年)。近著に *Who Judges? Designing Jury Systems in Japan, East Asia and Europe* (Cambridge University Press, 2017)、論文に "What Explains Low Female Political Representation? Evidence from Survey Experiments in Japan," *Politics and Gender* 15(2):285-309 , 2019（Frances M. Rosenbluth・田中世紀と共著）などがある。

林香里（はやし・かおり）
東京大学大学院情報学環教授。2021年4月より、東京大学理事・副学長（国際、D＆I担当）。社会情報学博士。日本語著書に『ジェンダーで学ぶメディア論』（共編著）世界思想社、2023年、『いいね! ボタンを押す前に――ジェンダーから見るネット空間とメディア』（共編著）亜紀書房、2023年、『メディア不信　何が問われているのか』岩波新書、2017年、『＜オンナ・コドモ＞のジャーナリズム　ケアの倫理とともに』岩波書店、2021年電子版新版、2011年（第4回内川芳美記念マス・コミュニケーション学会賞受賞）ほか多数。
ホームページ https://www.hayashik.iii.u-tokyo.ac.jp/

［企画・制作統括］
公益財団法人 日本国際交流センター
日本国際交流センター（JCIE）は、民間レベルでの政策対話と国際協力を推進する公益法人。国際社会の安定と発展には、政府による外交のみならず、様々な民間アクターによる国を超えた相互理解や協力が不可欠という信念のもと、民間外交のフロントランナーとして、世界と日本をつなぎ国内外の諸課題解決に貢献する。「人間の安全保障」の視座のもと、外交・安全保障、民主主義の擁護、グローバルヘルス（国際保健）、グローバルな人の移動、女性のエンパワメントなど、多角的なテーマで国際交流や政策対話・政策提言活動を行う。本書の基となった3回の討論は、日本国際交流センターが2018年に開始した研究プロジェクト「民主主義の未来――私たちの役割、日本の役割」の一環として行われたものである。
https://jcie.or.jp/　　https://democracy.jcie.or.jp/

装丁　納富 進（スタジオトラミーケ）
付録執筆　田井中 亮（日本国際交流センター）
DTP　菊地和幸
構成・制作協力　齋藤美帆、作田昌平

砂原庸介（すなはら・ようすけ）

神戸大学大学院法学研究科教授。大阪大学大学院法学研究科准教授、ブリティッシュコロンビア大学アジア研究所客員准教授等を経て現職。政治制度、行政学、公共政策を専門とし、政治制度と選挙政治、都市の境界と地方自治、日本の住宅政策とその帰結、といったテーマについて研究。『民主主義の条件』（東洋経済新報社、2015年）、『領域を超えない民主主義——地方政治における競争と民意』（東京大学出版会,2022年）など著書、論文多数。東京大学教養学部卒業、同大学大学院総合文化研究科にて博士号を取得。

彦谷貴子（ひこたに・たかこ）

学習院大学国際センター教授。1990年慶應義塾大学法学部政治学科卒業。慶應義塾大学法学部法学研究科で修士号、スタンフォード大学大学院修士課程でMA(Political Science)、コロンビア大学大学院政治学科でPh.D.取得。慶應義塾大学総合政策学部助手、防衛大学校公共政策学科准教授、コロンビア大学政治学部准教授を経て現職。近著として、"Japanese Diet and Defense Policy Making," (*International Affairs*, 2018)、"Trump's Gift to Japan," (*Foreign Affairs*, September/October 2017)などがある。

待鳥聡史（まちどり・さとし）

京都大学大学院法学研究科教授。大阪大学助教授、カリフォルニア大学サンディエゴ校客員研究員、京都大学助教授などを経て現職。比較政治論を専門とし、執政部・議会と政党の関係を分析。『政治改革再考——変貌を遂げた国家の軌跡』（新潮社、2020年）、『政党システムと政党組織』（東京大学出版会、2015年）、『首相政治の制度分析——現代日本政治の権力基盤形成』（千倉書房、2012年）等、著書、論文多数。京都大学法学部卒業、同大学大学院法学研究科にて博士号取得。

安部敏樹（あべ・としき）

一般社団法人リディラバ・株式会社Ridilover 代表。2009年、東京大学在学中に、社会問題をツアーにして発信・共有するプラットフォーム『リディラバ』を開始。2012年に一般社団法人化、2013 年に株式会社も設立。スタディツアーを始めとした事業を通じて400 種類以上の社会問題を扱い、2万3000人以上を社会問題の現場に送り込む。2017 年、Forbes「アジアを代表するU-30」選出。著作に『日本につけるクスリ』（竹中平蔵との共著、ディスカヴァー・トゥエンティワン、2016年）など。2012 ~2015年度には東京大学で、大学1～2年生向けの「社会起業」をテーマとした講義を持った。また同大学教員向けの講義も担当した。

［編著者］
竹中治堅（たけなか・はるかた）
政策研究大学院大学教授。比較政治学および日本政治を専門とし、首相の指導力の変化、日本の議会制度のあり方、戦前の日本における民主化を分析する。最近の著書に『コロナ危機の政治――安倍政権 vs. 知事』（中公新書、2020年）、"*Failed Democratization in Prewar Japan: Breakdown of a Hybrid Regime*" (Stanford: Stanford University Press, 2014)などがある。東京大学法学部卒業、スタンフォード大学大学院政治学研究科博士課程修了。

［著者］
高安健将（たかやす・けんすけ）
早稲田大学教育・総合科学学術院教授、成蹊大学名誉教授。比較政治学、政治過程論を専門とする。早稲田大学大学院政治学研究科修士課程修了後、ロンドン大学ロンドン・スクール・オブ・エコノミクス・アンド・ポリティカル・サイエンスにて博士号を取得。著書に『議院内閣制――変貌する英国モデル』（中公新書、2018年）、『首相の権力――日英比較からみる政権党とのダイナミズム』（創文社、2009年）などがある。

谷口尚子（たにぐち・なおこ）
慶應義塾大学大学院システムデザイン・マネジメント研究科（SDM）教授。政治行動、政治過程、政治的方法論、政策研究を専門とする。慶應義塾大学より博士（法学）号を取得。東京工業大学准教授、ミシガン大学政治学部及びカリフォルニア大学サンディエゴ校IR／PS訪問研究員などを経て現職。著書に『現代日本の投票行動』（慶應義塾大学出版会、2005年）などがある。

ケネス・盛・マッケルウェイン（Kenneth Mori McElwain）
東京大学社会科学研究所教授。研究テーマは、比較政治制度と世論で、日本国憲法や憲法改正問題について幅広く研究、執筆する。最近の著書に、『日本国憲法の普遍と特異』（千倉書房、2022年）, "Public Preference for International Law Compliance" *Review of International Organizations* (with S. Kuzushima and Y. Shiraito), 2023, "The Japanese Constitution," in *The Oxford Handbook of Japanese Politics*, edited by R. J. Pekkanen and S. M. Pekkanen (Oxford University Press, 2021)がある。スタンフォード大学政治学博士。平成28年度東京大学卓越研究員。

日本の民主主義の再評価

発行日　2025年1月10日　第1刷

編著者　竹中治堅
著者　高安健将　谷口尚子　ケネス・盛・マッケルウェイン
砂原庸介　彦谷貴子　待鳥聡史
安部敏樹　鹿毛利枝子　林香里

発行所　株式会社 楽工社
〒190-0011
東京都立川市高松町2-25-1-202
電話 042-521-6803
www.rakkousha.co.jp
企画・制作統括　公益財団法人 日本国際交流センター
印刷・製本　倉敷印刷株式会社

ISBN978-4-910900-00-1